Sarah K. Weber

Alter Held – Neue Welt

Sarah K. Weber

Alter Held – Neue Welt

Der Heros in der germanischen Heldenepik des Mittelalters

Tectum Verlag

Sarah K. Weber

Alter Held – Neue Welt. Der Heros in der germanischen Heldenepik des Mittelalters

ISBN: 978-3-8288-3959-5

Umschlagabbildung: shutterstock.com © Tom Grundy/EVKA (bearbeitet)
Druck und Bindung: CPI buchbücher.de, Birkach
Printed in Germany

Besuchen Sie uns im Internet
www.tectum-verlag.de

Bibliografische Informationen der Deutschen Nationalbibliothek
Die Deutsche Nationalbibliothek verzeichnet diese Publikation in der Deutschen Nationalbibliografie; detaillierte bibliografische Angaben sind im Internet über http://dnb.ddb.de abrufbar.

to mīn ġelufod beorn:

þec mē for ceorl wylle frēogan on ferhþe

Inhalt

I. Alt, aber nicht veraltet

„Uns ist in alten mæren wunders vil geseit
von helden lobebæren, von grôzer arebeit,
von fröuden, hôchgezîten, von weinen und von klagen,
von küener recken strîten muget ir nu wunder hœren sagen."[1]

Das Wiedererzählen ist ein Phänomen, das die gesamte mittelalterliche Literatur durchzieht und sie wesentlich ausmacht. Die Heldenepik bildet dabei zusammen mit Heldenliedern, Balladen und Prosaerzählungen die mittelalterliche Heldendichtung.[2] So betont auch die berühmte Eingangsstrophe des Nibelungenliedes – Prototyp mittelhochdeutscher Heldenepik – den Bezug zu den *alten mæren,* deren Begrifflichkeit unterschiedlich interpretiert worden ist. Von der Gleichsetzung mit der Geschichtsdichtung über die alte germanische Zeit ist man zugunsten einer heterogenen Bedeutungsfülle, welche auf der Basis anderer mittelalterlicher Autoren erschlossen wurde, abgerückt: So spreche Reinmar der Alte in diesem Zusammenhang von früherem Dichten in unbeschwerter Freude, der *Jüngere Titurel* meine mit dem Begriff alte Gerüchte, in der Dietrichepik werden die *alten mæren* als alte Sitten verstanden oder sie können retrospektiv das eigene Erleben aufgreifen. In der obigen Strophe des NL bleibt allerdings unklar, ob mit den *alten mæren* eine bereits fertige Dichtung oder eine stoffliche Grundlage gemeint ist.[3] Die Doppeldeutigkeit der *alten mæren* bewegt sich also zwischen den altüberlieferten Geschichten und solchen Geschichten, die von alten Zeiten berichten.[4]

---

1 Strophe 1 des Nibelungenliedes (im Folgenden als NL abgekürzt), Handschrift C: „Uns wird in alten Erzählungen viel Wunderbares berichtet/von berühmten Helden, großer Mühsal/von glücklichen Tagen und Festen, von Tränen und Klagen/und vom Kampf tapferer Recken könnt Ihr jetzt Erstaunliches erfahren."
Der Bezug zu Vergangenem dient vielen Epen als Auftakt der Einleitung, so auch z.B. im *Beowulf.*

2 Vgl. Karl Reichl: [Art.] Heldendichtung, in: LexMa, Bd. 4 (2002), Sp. 2115-2117.

3 Vgl. Florian Kragl: Gibt es eine Heldenzeit? Vergangenheitskonzeptionen in hoch- und spätmittelalterlicher Literatur, in: Johannes Keller (Hrsg.): Heldenzeiten – Heldenräume: Wann und wo spielen Heldendichtung und Heldensage? 9. Pöchlarner Heldenliedgespräch (Philologica Germanica 28), Wien 2007, S. 67f.

4 Auch das Annolied, das von *altiu dinge* spricht, impliziert dies, vgl. Haferland, Harald: Mündlichkeit, Gedächtnis und Medialität: Heldendichtung im deutschen Mittelalter, Göttingen 2004, S. 75.

Der Dichter,[5] der „gleichzeitig höfisiert und archaisiert“, kann den Unterschied zwischen historisierender und modernisierender Darstellung noch nicht fassen, aber dennoch „besitzen sie [die *mære*] für das Mittelalter in einem gewissen Ausmaß Zeugniswert (vgl. *ez ist von alten stunden/vür die wârheit her gesaget*)“.[6]

In Bezug auf die Frage nach der Historizität ist das Heldensagenmodell Andreas Heuslers[7] in berechtigte Kritik geraten, da er einen Merkmalkatalog entwirft, welcher das „Heldenlied“ vom „Preislied“ unterscheidet und davon noch eine dritte Gattung, das „Historische Lied“, abgrenzt, wobei letzteres seiner Ansicht nach in der germanischen Dichtung nicht anzusetzen ist. Gerade an diesem undurchführbaren „Schubladendenken“ setzt die Kritik an und stellt die Frage nach historischer Erfahrung für die Heldendichtung neu, indem sie ihre literarische Autonomie, wie Heusler sie postuliert, anzweifelt und ihr entgegensetzt, dass die literarische Ausformung eines Stoffes gerade nicht autonom, sondern in historischem Bewusstsein gestaltet wird, was ihr auch für die zeitgenössische Gegenwart eine gesellschaftlich-politische Funktion sichert.[8] Wo die Lieder außerdem zu einem Epos werden, greift Heuslers Bezeichnung als bloße „Anschwellung“ des Stoffes also gerade wegen der Herausbildung eines historischen Bewusstseins zu kurz. Im Eingangszitat findet sich dieses Bewusstsein sofort im ersten Vers wieder, denn *„wunders vil* meint eine andersartig-ungewohnte Welt“.[9] Trotz aller historischen Entfernung des Heroischen Zeitalters, des *heroic age*,[10] von der Gegenwart und aller Distanzierungen von der historischen Grundlage, dockt also die Vorzeitsage – gemeint ist ein Stoffkreis – an die Gegenwart der Dichter an,[11] deren Leistung in

5 Ein Zusammenwirken mehrerer Dichter an einem Text ist an dieser Stelle mitgedacht.

6 Haferland, 2004, S. 79.

7 Vgl. Andreas Heusler: Die altgermanische Dichtung, 2. Aufl. 1943. Nachdruck Darmstadt 1967.

8 „Heroische Epik konstituiert sich dadurch, daß historische Erfahrung mittels literarischer Schemata zu sich selbst kommt.“ (Walter Haug: Andreas Heuslers Heldensagenmodell: Prämissen, Kritik und Gegenentwurf, in: ZfdA, Bd. 104 (1975), S. 273-292.) Einen Überblick über den Diskurs ist zu finden bei Alfred Ebenbauer: Heldenlied und „Historisches Lied“, in: Heinrich Beck: Heldensage und Heldendichtung im Germanischen (Ergänzungsbände zum Reallexikon der Germanischen Altertumskunde, Bd. 2), Berlin 1988, S. 15-34.

9 Walter Haug: Höfische Idealität und heroische Tradition im Nibelungenlied, in: Colloquio Italo-Germanico sul Tema: I Nibelunghi, Rom 1974, S. 35-50, hier: S. 41.

10 Den Begriff prägt Hector M. Chadwick: The Heroic Age, Cambridge 1912, repr. 1967.

11 Klein trifft die Unterscheidung zwischen der „Vorzeitsage“, mit der die Fremdartigkeit

der Fixierung eines „kulturelles Gedächtnis“[12] gesehen wurde. Dabei sehen sich jedoch die Epen selbst nicht als eine exakte Abbildung der Geschichte; ihnen liegt vielmehr an der Außergewöhnlichkeit der Erzählung und an der sich darin äußernden „literarisch vermittelten Vergangenheitskonzeption“.[13] Einiges passt dabei besser, anderes schlechter oder gar nicht mehr in ihre zeitgenössische kulturelle Umwelt, doch gerade die verschiedenen Einbindungs- und Ausgrenzungsversuche, deren Ergebnisse in den Heldenepen vorliegen, zeigen vielfältige Möglichkeiten, wie das *heroic age* transformiert werden kann und sich in die Nischen der kulturellen Gegenwartssituation einnistet.[14] An dieser Stelle sei betont: Heldenepen sind nicht etwa die neu aufbereitete Form eines vermeintlichen „Ur“-Epos, sondern ein uns vorliegendes Ergebnis eines Prozesses, der sich dem neuen schriftlichen Medium bedient. Dennoch trägt die Verschriftlichung und die Zeit, in der sie von statten geht, unweigerlich ihre kulturellen Voraussetzungen an die Geschichten heran. Ein zentraler – um nicht zu sagen: der zentrale – Bestandteil dieser verschiedentlich zu interpretierenden *alten mæren* ist der Held oder der Heros, um den sich die jeweilige Erzählung rankt. Die Literatur kennt dabei grundsätzlich drei verschiedene Heldentypen: den christlichen, den höfischen und den heidnisch-germanischen Helden, der sich durch den Kampf gegen Heiden, das Durchleben eines persönlichen Abenteuers oder den schicksalhaften Kampf gegen böse Mächte auszeichnet.[15] In der germanischen Heldenepik tauchen diese Typen nicht separiert voneinander auf, sondern verbinden sich in der Figur des Helden, wodurch die Überführung des Helden in die zeitgenössische Gegenwart mitnichten

und Andersartigkeit dieser Welt (fast immer die Völkerwanderungszeit) betont wird, und der „klassischen“ Heldensage“, die die Gegenwartsnähe markiert, wobei er gleichzeitig zwischen Vorzeit- bzw. klassischen Helden differenziert, vgl. Thomas Klein: Vorzeitsage und Heldensage, in: Heinrich Beck: Heldensage und Heldendichtung im Germanischen (Ergänzungsbände zum Reallexikon der Germanischen Altertumskunde, Bd. 2), Berlin 1988, S. 115-147.

12 Kragl, 2007, S. 83 [Anm. 72] folgt mit diesem Begriff Assmann, Jan: Das kulturelle Gedächtnis, München 1992.

13 Kragl, 2007, S. 84.

14 Kragl spricht einerseits vom chronometrisch-historischen Aspekt und andererseits vom empathischen Aspekt, deren Zusammenspiel von negativer Proportionalität gekennzeichnet ist, je mehr Wert auf die historische Verankerung gelegt wird, desto geringer fällt der interpretatorischer Spielraum für die Dichtung aus und umgekehrt, vgl. Kragl, 2007, S. 84.

15 Vgl. Johannes Frey: Die Gegner der Helden in germanischer Heldendichtung. Nibelungen und Edda (Erlanger Studien 138), Erlangen/Jena 2009, S. 188, Anm. 400.

eindimensional und reibungslos ist, sondern den Heros auf seinem Weg in die schriftlich[16] fixierte Dichtung auf mehreren Ebenen mit unterschiedlich ausgeprägten Konfliktpotentialen konfrontiert. Der vormals animalische, heroische und heidnische Held steht auf den ersten Blick unvereinbar den zivilisierten, höfischen, christlichen Anforderungen gegenüber, was die Frage aufwirft, wie und mit welchen Erfolgsaussichten diese Anforderungen aber dann doch in der Figur des Helden Erfüllung finden. Udo Friedrich definiert:

> „Heldensage ist Verdrängung und Stilisierung von Erinnerung, die Transformation von unmittelbar subjektiver und kollektiver Erinnerung in ein institutionalisiertes Gedächtnis, das sozialen Sinn organisiert.“[17]

In der germanischen Heldenepik tritt die Figur des Helden daher vielmehr als Dreh- und Angelpunkt zwischen den zwei gegensätzlichen Lebenswelten auf: des vorzeitlichen *heroic age* und der zeitgenössischen Gegenwart der Dichter.[18] Der Fokus liegt dabei auf der Integration des „alten“ Helden in die „neue“ (Adels-)Kultur. Anhand von drei Ebenen ist dieser zu untersuchen: animalisch/menschlich, heroisch/höfisch und heidnisch/christlich. Dabei sollen die Verbindungen der Ebenen untereinander genauso aufgezeigt werden, wie die möglichen Gründe für die gelungene oder misslungene Integration des Helden. Ist der Vorzeitheld von übernatürlicher Stärke und affekthaftem sowie ruhmfixiertem Antrieb gekennzeichnet, so zeichnet den epischen Helden der Konflikt aus, zu deren Gunsten die Krafthyperbolik zurücktritt.[19] Der Held stellt aber nach wie vor „die Möglichkeiten dessen [dar], was der Mensch in extremen

16 Zur Medialität der Heldendichtung vgl. Haferland, 2004 und Hans Kuhn: Heldensage vor und außerhalb der Dichtung, in: Karl Hauck (Hrsg.): Zur germanisch-deutschen Heldensage (WdF 14), Darmstadt 1965, S. 173-194 sowie die jeweils angeführte Literatur zum Thema Mündlichkeit und Schriftlichkeit.

17 Udo Friedrich: Held und Narrativ. Zur narrativen Funktion des Heros in der mittelalterlichen Literatur, in: Victor Millet (Hrsg.): Narration and Hero: Recounting the Deeds of Heroes in Literature and Art of the Early Medieval Period, Berlin 2014, S. 180.; vgl. Wolfgang Müller-Funk: Die Kultur und ihre Narrative. Eine Einführung, Wien/New York 2008, S. 93-100.

18 Dabei reicht die Spannweite von einem übermenschlichen und zauberhaften Helden der Vorzeit bis hin zu dem einem „Helden wie wir“. Letzterer fasziniert dann weniger durch sein monströses oder magisch anmutendes Auftreten, sondern vielmehr durch seine Gesinnung und sein Verhalten – im Positiven wie im Negativen, vgl. Klein 1988, S. 119.

19 Vgl. ebd., S. 126., der sich hier auf Josef Franz von Paula Oßberger stützt.

Äußerungsformen wollen und tun kann".[20] Mit dieser außergewöhnlichen Extremität ist der Brückenschlag zu seinen animalischen Eigenschaften leicht gemacht, die nach einem Überblick über die ausgewählten Epen zuerst betrachtet werden sollen und an die sich unmittelbar die heroisch/höfische und die christlich/heidnische Ebene anschließen.

II. Die Epen

Die Auswahl der drei zu untersuchenden Epen ist zum einen aus dem interdisziplinären Blickwinkel, zum anderen unter dem Gesichtspunkt der räumlichen und zeitlichen Distanz der Texte getroffen worden, was ermöglicht, das breite Spektrum an Gestaltungsmöglichkeiten der Heldenfiguren exemplarisch aufzeigen können.

II.1 Beowulf

Das Beowulf-Epos[21] ist das älteste, singulär in der Cotton MS Vitellius A. XV überlieferte germanische Heldenepos und das berühmteste Stück in altenglischer Sprache. Es mutet bei einem Umfang von 3182 Stabreimzeilen geradezu an, als sei „built as it is from old stone".[22] Seine Wurzeln hat das Epos in der Völkerwanderungszeit, wobei es hier verschiedenste Annahmen und Interpretationen zur Entstehungszeit gibt.[23]

20 Klaus von See: Was ist Heldendichtung?, in: Ders. (Hrsg.): Europäische Heldendichtung (Wege der Forschung 500), Darmstadt 1978, S. 38.

21 Die Textgrundlage bilden R. D. Fulk; Robert E. Bjork; John D. Niles: Klaeber's Beowulf, Fourth Edition, Toronto 2008.; George Jack: Beowulf. A Student Edition. Oxford 2009; Martin Lehnert: Beowulf. Ein altenglisches Heldenepos (übersetzt und herausgegeben von dems.), Stuttgart 2004.

22 Andy Orchard: Beowulf, in: Malcolm Godden; Michael Lapidge (Hrsg.): The Cambridge Companion to Old English Literature. Second Edition, Cambridge 2013, S. 157.

23 Vgl. Jack, 2009, hier: Introduction [dort ist auch die Überlieferungsgeschichte des Manuskripts in ihren wichtigsten Zügen dargelegt]. Aktuelle Untersuchungen zur Datierung unter anderem zu finden bei Leonard Neidorf (Hrsg.): The Dating of Beowulf. A Reassesment, Cambridge 2014.

Nach einem kurzen Vorwort zum dänischen Königsgeschlecht steigt die Erzählung in medias res mit den Überfällen Grendels auf die dänische Königshalle Heorot ein und schildert die Ankunft des Gauten Beowulf mit seinem Gefolge bei König Hroðgar, um Hilfe im Kampf gegen das Ungeheuer zu leisten. Der Kampf zieht eine Ruhmesfeier nach sich, die den „Finnsburg"-Vortrag des Skopen Hroðgars beinhaltet, doch die Stimmung wird schnell getrübt, denn die Rachsucht lässt ein weiteres Monster, die Mutter Grendels, aus den Sümpfen emporsteigen und den Dänen im nächtlichen Überfall Leid zufügen. Daraufhin ergreift Beowulf erneut die Initiative und sucht die Mörderin in ihrem See heim, wo er mit dieser einen ungleich schwierigeren Kampf ausfechten muss. Siegreich geht er auch aus diesem hervor und wird wieder an Hroðgars Hof gefeiert. Nach dem Erhalt von Geschenken und Danksagungen reisen die Gauten wieder ab und werden von ihrem König Hygelac ehrfürchtig empfangen. An dieser Stelle kommt es zu dem größten Sprung in der Erzählung, da innerhalb weniger Verse der Tod Hygelacs, die Wahl des neuen Königs (Beowulf) und dessen Amtszeit von 50 Jahren abgehandelt werden. Der letzte und bedeutendste Kampf des Epos setzt an dieser Stelle ein. Ausgelöst durch einen entlaufenen Sklaven, der aus dem Drachenhort einen Goldbecher entwendet hat, beginnen die Angriffe eines Drachen auf Beowulfs Volk. Ein letztes Mal zieht Beowulf in die Schlacht, in der er zwar den Drachen mit Hilfe von Wiglaf töten kann, aber am Ende selbst stirbt.

II.2 Siegfried

Das in seiner frühesten Fassung ins 13. Jh. datierte NL,[24] dessen Sagenzeugnisse vom *Beowulf* bis hin zu skandinavischen Ritzzeichnungen reichen, ist in 11 Handschriften vollständig und in 24 fragmentarisch überliefert,[25] wobei die ältesten vollständigen Fassungen mit den Siglen A, B und C vesehen wurden und je ca. 2400 vierzeilige Langzeilenstrophen umfassen. Daneben existiert

24 Die Textgrundlage bildet Ursula Schulze (Hrsg.): Das Nibelungenlied. Mittelhochdeutsch/Neuhochdeutsch. Nach der Handschrift B [herausgegeben von ders.]. Ins Neuhochdeutsche übersetzt und kommentiert von Siegfried Grosse, Stuttgart 2011.

25 Vgl. Victor Millet: Germanische Heldendichtung im Mittelalter: Eine Einführung, Berlin 2008, S. 187.

auch die mittelniederländische Adaption, das Nevelingenlied.[26] Die hier zitierte Fassung B beruht auf der Überlieferung des Codex Sangallensis 857, die im ersten Teil, der Siegfrieds Geschichte enthält, Folgendes erzählt:

Nachdem der höfisch erzogene und zum Ritter geschlagene Siegfried beschlossen hat, um Kriemhild zu werben, tritt er seine Reise an den Burgundenhof an, wo er von Hagen sofort als Siegfried erkannt und noch vor dem ersten Kontakt mit dem Empfangskomitee als Drachentöter vorgestellt wird. Dem einladenden Empfang antwortet Siegfried dann passend zu den einführenden Worten Hagens mit einer provokanten Aufforderung zu einem Kräftemessen, dem die Burgunden ihrerseits mit Ruhe begegnen und Siegfried einladen, zu bleiben. Es dauert ein Jahr bis Siegfried sich in der höfischen Umwelt eingefunden hat und dann als Gefährte der Burgunden in die Schlacht gegen die Sachsen zieht. Nach einem überwältigenden Sieg benötigt König Gunter aber sogleich wieder Siegfrieds Hilfe, denn er ist der einzige, der Brünhild zu überwinden vermag, um sie für ihn zu gewinnen. Mithilfe des magischen Tarnumhangs gelingt Siegfried diese Aufgabe, sodass Brünhild nach Worms gebracht werden kann, wo sie Gunter heiratet. Siegfried, dem die Ehe mit Kriemhild versprochen worden ist, wird ebenfalls vermählt, womit die Konflikte beginnen: Brünhild hält Siegfried für einen Unfreien und betrachtet ihn dadurch als unwürdig, die Schwester des Königs heiraten zu dürfen. Gunter, der seinen Segen zu dieser Ehe gegeben hat, entzieht sie zur Strafe das Ehebett und bindet ihn mit einem Gürtel an die Wand. Siegfried ist es erneut, der unter der Tarnkappe und im Schutze der Nacht die Königin überwältigt, ihr einen Ring abnimmt und dem König seinen Platz im Ehebett zurückerobert.

Die folgenden Jahre verbringen die Paare getrennt von einander, da Siegfried mit Kriemhild zur Familiengründung und Krönung nach Xanten zurückkehrt. Als Gunter dann zu einem Fest an seinen Hof einlädt, dauert es nicht lange, bis die (alten) Reibungen bezüglich des Status Siegfrieds wieder entfacht werden und Kriemhild die zunächst heimlichen Konflikte öffentlich macht. Dies gipfelt am Dom, den beide Frauen betreten wollen, da Brünhild sich weigert hinter der

26 Zur Verbindung zwischen Nibelungenlied und Nevelingenlied siehe Bernd Bastert: Fremde Helden?: narrative Transcodierung und Konnexion des 'Nibelungenlieds' im mittelniederländischen 'Nevelingenlied', in: Victor Millet (Hrsg.): Narration and Hero: Recounting the Deeds of Heroes in Literature and Art of the Early Medieval Period, Berlin 2014, S. 385-402.

Frau eines (vermeintlich) Unfreien hinein zu gehen. Daraufhin kann Kriemhild Ring und Gürtel vorzeigen, die in der Hochzeitsnacht eine wichtige Rolle gespielt haben und Siegfrieds Ehevollzug mit Brünhild demonstrieren. Brünhild wendet sich mit der Bitte um Klärung dieses Umstandes an Gunter, der diese Streitigkeit als Frauenzank abtut, weshalb sich seine Frau beleidigt fühlt. Hagen wiederum nimmt dies als Anlass, dem König sein Mordvorhaben an Siegfried zu unterbreiten. Sogleich wird ein erneuter Krieg gegen die Sachsen erdacht, was Hagen die Möglichkeit gibt, vor Kriemhild behaupten zu können, dass er ihren Siegfried schützen wolle und daher die Schwachstelle in seiner Hornhaut kennen müsse. Kriemhild kennzeichnet sie in gutem Glauben auf einem Hemd mit einem Kreuz. Der Krieg, der nie hat stattfinden sollen, wird scheinheilig abgesagt und in höfischer Manier durch einen Jagdritt ersetzt. Im Wald punktet Siegfried wieder auf ganzer Linie, indem er verschiedene Tier und sogar einen Bären erlegt. Sein Übermut macht es für Hagen zu einem leichten Spiel, den durstigen Siegfried zu einem Wettlauf zu einer Quelle zu bewegen, nur um ihn dort an der gekennzeichneten Stelle tödlich zu verwunden. Die tieftraurige Kriemhild verbleibt nach dem Tod ihres Ehemanns in Worms bei ihrer Familie und ihrem toten Gatten.
Der zweite Teil des NL, das die Rache Kriemhilds erzählt, spielt für diese Untersuchung keine Rolle.

II.3 Wolf Dietrich

Je nach Fassung besteht der *Wolf Dietrich*[27] aus 600 bis 2240 Strophen, ist in 15 Handschriften sowie einem Druck im „Gedruckten Heldenbuch“ überliefert und stellt das jüngste der hier behandelten Epen dar.[28] Eng mit ihm verbunden ist eine weitere Geschichte, die von dem scheiternden König Ortnit und seiner

27 Die Textgrundlage bilden Stephan Fuchs-Jolie; Victor Millet; Dietmar Peschel (Hrsg.): Otnit. Wolf Dietrich. Frühneuhochdeutsch/Neuhochdeutsch, Stuttgart 2013; Walter Kofler (Hrsg.): Ortnit und Wolfdietrich A, Stuttgart 2009.

28 Es werden vier Hauptfassungen A, B, C und D unterschieden, wobei C lediglich verschiedene Fragmente beinhaltet. A wird um 1230, B ebenfalls in die erste und D in die zweite Hälfte des 13. Jh. datiert, vgl. Millet, 2008, S. 387.).

elbischen Rüstung[29] berichtet.

Der *Wolf Dietrich* setzt in Fassung A, welche die Hauptquelle dieser Untersuchung ist, nach Ortnits Tod ein und beginnt unmittelbar vor Wolf Dietrichs Geburt, die durch einen Engel angekündigt wird. Seine Mutter, die Königin von Konstantinopel, lässt ihn heimlich auf den Namen Dietrich taufen, wobei sie selbst eine Heidin ist. Der Einsiedler, der die Taufe vollzieht, gibt der Mutter ein magisches Taufhemd mit Rüstungsqualitäten für den Jungen mit. Zurück am Hof, stellt Wolf Dietrich schon als Neugeborener übermäßige Kräfte unter Beweis, weshalb er dort als Teufelsbrut verschrien ist und letztlich vom Vater und König Hugdietrich zur Ermordung weggegeben wird. Der Vasall Berchtung, dem diese Aufgabe anvertraut wird, bringt es aber nicht über sich und setzt den Jungen stattdessen in dem Bewusstsein aus, dass er in einer Quelle im Wald ertrinken würde. Die Nacht, in der wilde Tiere und vor allem Wölfe auftauchen, übersteht der Knabe jedoch und erhält seine neue Identität als Wolf (Herr) Dietrich. Seine rohe, undisziplinierte Art, die er beibehält und als Dietrich, der Wolf, verinnerlicht hat, verschließt ihm die Rückkehr an den Hof des Vaters, an dem dieser zwischenzeitlich vor Gericht die Schuld für den Aussatz des Jungen hat auf sich laden müssen. Dabei hat Berchtungs Brief, der die Wahrheit über Wolf Dietrichs Herkunft und Kindheit festhält, Aufschluss gegeben und bringt somit Klarheit über die Sachlage. Daraufhin übernimmt Berchtung auch die ihm aufgetragen Erziehung Wolf Dietrichs und hat alle Mühe, den Ziehsohn zu bändigen, doch letztlich gelingt es ihm. Nach einigen Jahren verstirbt Hugdietrich, was dem Intriganten Sabene die Möglichkeit gibt, die beiden Brüder Wolf Dietrichs gegen Mutter und Bruder aufzuhetzen und die Macht an sich zu reißen. Die Königin flieht nach Meran, wo Wolf Dietrich in dem Glauben, Berchtung sei sein Vater, erzogen wird, und offenbart ihrem Sohn seine wahre Herkunft mit Hilfe des bereits erwähnten Briefs. Im Gegensatz zu Ortnit, der alles von Anfang an besitzt, muss Wolf Dietrich selbst alles (zurück) erlangen: So zieht er mit seinen Dienstmannen, Berchtungs Söhnen, in den Kampf gegen die usurpatorischen Brüder. Die Schlacht ist für beide Seiten ein Verlust und Wolf Dietrich sieht sich gezwungen, König Ortnit um Hilfe zu

29 Die Rüstung des Zwergenkönigs Alberich, der sich als Ortnits Vater herausstellt, ist in dessen Königreich hergestellt worden und gelangt durch Ortnit in die Drachenhöhle, wo er aus der Rüstung gesogen und als Held aufgelöst wird. Die Paraphrase dieser Rüstung ist wie auch im *Beowulf* oftmals „die Ringe“.

ersuchen, ohne zu ahnen, dass dieser bereits tot ist.[30] Mit dem magischen Taufhemd ausgerüstet, zieht der Held in die Wildnis, besteht verschiedene Abenteuer,[31] insbesondere die Begegnung mit dem Meerweib und den Räubern, bevor er in Garda ankommt und von Ortnits Frau Liebgart die Todesumstände des Königs erfahren muss. Sofort beschließt Wolf Dietrich, dessen Tod zu rächen, indem der Drache und dessen Kinder, die Ortnis aus seiner Rüstung gesogen haben, selbst zur Strecke gebracht werden. Im Wald treffen Held und Drache aufeinander und Wolf Dietrich sieht, wie ein Löwe bereits mitten im Kampf mit dem Untier ist. Da er einen Löwen auf seinem Wappen trägt, fühlt sich Wolf Dietrich verpflichtet, an die Seite des Löwen zu treten und gemeinsam mit ihm gegen den Drachen zu kämpfen.

An dieser Stelle bricht Fassung A ab. Die Fortsetzung der Erzählung wird dem Dresdner Heldenbuch (Fassung k) entnommen, da die Handlung und die Figurenkonstellation der aus Fassung A gleichen. Fassung k erzählt, wie die jungen Drachen den Löwen fressen und Wolf Dietrich die Rüstung Ortnits auffindet, anzieht und zusammen mit seinem Taufhemd, das sich zwischen die Ringe fügt, optimal geschützt ist. Er besiegt die Drachen, schneidet ihnen die Zungen heraus, die ihn vor Liebgart als rechtmäßigen Drachenbezwinger ausweisen. Der Weg in die Ehe und seine Reintegration bei Hofe sind ihm sicher. Zum Schluss kann er auch seine beiden Brüder besiegen und die dortige Herrschaft übernehmen.

30 Dies gilt für Fassung A, wobei Fassungen B und D von der Begegnung der beiden wissen.

31 Auch hier berichten die Fassungen Verschiedenes.

III. Drei Ebenen der Epen

Im Folgenden sollen die vorgestellten Heldenepen anhand der eingangs erwähnten Ebenen näher betrachtet werden. Diese ergeben sich aus den verschiedenen Schwierigkeiten, die der Heros offenkundig zu bewältigen hat und deren Integration die jeweilige Erzählung zu meistern versucht. Der Begriff „Ebene" suggeriert zunächst eine Fläche, ähnlich einer Schablone, die sich über das Epos erstreckt. Das ist natürlich impliziert, doch da hier der Held im Mittelpunkt der Betrachtung steht, sind die sog. Ebenen als Lagen oder Schichten zu verstehen, welche sich an die Heldenfigur schmiegen. Eine Kapitelbezeichnung wie bspw. „Schichten der Epen" wäre hier aber deshalb irreführend gewesen, weil es nicht um die Untersuchung verschiedener Textschichten der Epen geht. Vielmehr geht es um Freilegung der verschiedenen Textebenen, die den Helden einhüllen, um am Ende ihre Bedeutung und Wechselwirkung erkennen zu können.

III.1. Zur animalisch/menschlichen Ebene

Schon beim Versuch einer knappen Inhaltsangabe zeigen sich unterschiedliche Komplexitätsgrade der Erzählungen sowie die verschiedenen Dispositionen für die Helden und deren Über- bzw. Unmenschlichkeit, woran sich sogleich die Frage nach dem Verhältnis zwischen Tier und Mensch in den Heldenfiguren und nach der jeweiligen Gestaltung des Verhältnisses von Natur und Kultur anschließen.

III.1.1 Beowulf

Beim altenglischen Heldenepos *Beowulf* bekommen wir es nicht nur mit dem gleichnamigen, monströsen Heros, sondern auch mit einem monströsen, weil bizarren und durch zahlreiche Digressionen unterfütterten Text zu tun.[32] Versuche, Beowulfs wundersame und übernatürliche Qualitäten zu relativieren,[33] sind gescheitert;[34] es sind und bleiben die monströs-animalischen Charakterzüge des Helden, die ihn im Kern zu einem germanischen Heros formen. Dass diese „Form“ alles andere als eindimensional gestaltet ist, macht ihn zu einer ambivalenten Figur. Gerade auf der ersten Ebene, die die animalische, ja zuweilen monströse Seite des Helden ebenso beleuchten soll wie ihren Gegenpol, die Menschlichkeit des Helden, zeichnet sich die Verankerung Beowulfs im *heroic age* in gleicher Weise ab wie seine radikale Andersartigkeit.[35]

Zunächst soll das wohl nächstliegende Merkmal, der Name, in den Blick genommen werden, denn dieser ist sinn- und charakterstiftendes Element des jeweiligen Trägers.

Der Name Beowulf stellt ein bitheriophores Kompositum dar, welches in der (früh-)mittelalterlichen Welt – und dort besonders im westgermanischen Sprachraum – durchaus geläufig, wenn auch eine Sonderform ist.[36] Beowulf wird mit „Bienenwolf“ übersetzt, was ein Kenning[37] für „Bär“ ist. Sein Name

32 Vgl. Matthias Teichert: Der monströse Heros oder Wenn der ungeheure Held zum Ungeheuer wird. Zur Rezeptionsgeschichte des Figuren-Typus „Drachenkämpfer“ in der altnordischen und altenglischen Literatur, in: Victor Millet (Hrsg.): Narration and Hero: Recounting the Deeds of Heroes in Literature and Art of the Early Medieval Period, Berlin 2014, S. 168.

33 Vgl. Fred C. Robinson: Element of the Marvellous Characterization of Beowulf: A Reconsideration of the Textual Evidence, in: Robert B. Burlin; Edward B. Irving, jr. (Hrsg.): Old English Studies in Honour of John C. Pope, Toronto 1974, S. 119-137.

34 Vgl. Stanley B. Greenfield: A Touch of the Monstrous in the Hero or Beowulf re-marvellized, in: Ders. (Hrsg.): Hero and Exile: the Art of Old English Poetry, London 1989, S. 67-73.

35 Vgl. Jennifer Neville: Representations of the Natural World in Old English Poetry (Cambridge Studies in Anglo-Saxon England 27), Cambridge 1999. Die Gegensätzlichkeit von Natur und Kultur im Verständnis der Angelsachsen wird hier besonders in den Blick genommen, wobei die Autorin dem Hybrid aus beidem ('humanoid monsters') in einem gesonderten Aufsatz ebenfalls Beachtung schenkt (Jennifer Neville: Monsters and criminals: defining humanity in Old English poetry, in: L. A. J. R. Houwen; Karin E. Olsen: Monsters and the Monstrous in Medieval Northwest Europe (Mediaevalia Groningana, NS 3), Leuven 2001, S. 103-122.).

36 Vgl. Christa Jochum-Godglück: „Wolf" und „Bär" in germanischer und romanischer Personennamengebung, in: Interferenz-Onomastik. Namen in Grenz- und Begegnungsräumen in Geschichte und Gegenwart, 2011, S. 447-478, hier: S. 455.

37 Mit diesem Stilmittel der altisländischen und altnorwegischen Skaldendichtung sollten keinesfalls wortwörtliche Assoziationen geweckt werden. Vielmehr diente es künstlerischen Zwecken und der „Kennzeichnung“, was es übersetzt bedeutet, vgl.

taucht erstmals bei seinem Empfang in Heorot[38] in V. 343 auf („Bēowulf is mīn nama“). Schon unmittelbar in diesem Zusammenhang wird er mit der Bezeichnung *heard under helme*[39] als starker, mutiger Held in Rüstung vorgestellt. Man darf sich dem Text zufolge also einen Mann vor Augen führen, der Bärenkräfte besitzt. Einen ähnlichen Helden kennt auch die nordische Sagawelt: Bjöðvarr-Bjarki („kleiner Bär“)[40] aus der Saga von Hrolf Kraki. Wie Sigurd (altn. *Sigurþr*) aus altnordischen Liedern und Sagas das Pendant zum Siegfried des Nibelungenliedes darstellt, so verhält es sich zwischen Beowulf und Bjöðvarr-Bjarki.[41] Obwohl nur Bjöðvarr-Bjarki die Gestalt eines Bären annehmen kann, wodurch seine animalischen Züge eine körperliche Komponente erhalten, die bei Beowulf zwar auch, aber in anderer Form in Erscheinung tritt, lässt sich aufgrund der Parallelen zwischen den beiden Helden eine Verbindung zu den Berserkern ziehen.[42] Darunter ist die Gruppe der bärenartig anmutenden, ekstatischen Elitekrieger mit ihrem zeitweise tranceähnlichen Bewusstseinszustand zu verstehen, die in engem Verhältnis zu Odin steht.[43] Weil Bjöðvarr-Bjarkis Vater also ein Bär ist, spricht Friedrich Panzer vom Bärensohnmärchen bzw. Bärensohnmotiv, welches er auch in anderen Heldenfiguren wie Beowulf und Siegfried überliefert sieht.[44] Über eine deratige Herkunft Beowulfs verrät das Gedicht nichts; lediglich der Name und die bereits angesprochene Nähe zu nordischen Äquivalenten liefern Hinweise

Harald Ehrhardt: [Art.] Kenning, in: LexMa, Bd. 5 (2003), Sp. 1102f.

38 Ein weiteres Beispiel für den Gebrauch von Kenningar: Der Name der Halle, in der sich ein Großteil des Epos abspielt, bedeutet 'Hirsch' und wird auch im ae. Widsith bezeugt (V. 49).

39 „hart unter dem Helm“.

40 Nora K. Chadwick: The Monsters and Beowulf, in: Peter Clemoes (Hrsg.): The Anglo-Saxons: Studies in some Aspects of their History and Culture presented to Bruce Dickins, London 1959, S. 171-203.
In der älteren Forschung auch als „Kampfbärchen“ übersetzt, vgl. Walter A. Berendsohn: Zur Vorgeschichte des Beowulf, Kopenhagen 1935, S. 217.

41 Vergleichende Darstellung und weiterführende Literatur u.a. bei Chadwick, 1959 und Michael Koch: Beowulf – Siegfried – Dietrich. Vergleichende Studien zur Darstellung und Charakterisierung des Helden in der germanischen Epik, Osnabrück 2009.

42 Vgl. Koch 2009, S. 5-9.

43 Altn. *berserkr*, „Bärenfellträger“, vgl. Arnulf Krause: [Art.] Berserker, in: Reclams Lexikon der germanischen Mythologie und Heldensage. Mit 64 Abbildungen (2010), S. 33.

44 Vgl. Friedrich Panzer: Studien zur germanischen Sagengeschichte I, Beowulf, Wiesbaden 1969 (Nachdruck von 1910), S. 1-208 sowie Panzer, Friedrich: Studien zur germanischen Sagengeschichte II. Sigfried, Wiesbaden 1969 (Nachdruck von 1912). Siehe auch Anm. 127 zu Wolf Dietrich.

auf einen animalischen Ursprung Beowulfs, wie ihn auch andere Helden des *heroic age* besitzen. Als namensgebendes Element ist das Tier, in Beowulfs Fall der Bär, eng an den Helden gebunden.[45] Wie diese Bindung und die Integration von Tier und Mensch in der Figur des Helden gelingt, soll im Folgenden aufgezeigt werden.

Was den Menschen unter anderem grundsätzlich von Tieren unterscheidet, ist rein äußerlich das Tragen von Kleidung, welche an Beowulf in Form seiner Rüstung in Erscheinung tritt. Hinzu kommt der Gebrauch von (geschmiedeten) Waffen. Gerade diese Elemente sind ausschließlich der menschlichen Sphäre in Abgrenzung zu Tierwelt zuzuordnen. Cavell folgert:

> „It is, thus, the human realm of civilisation and knowledge that is seen to determine the value of every object, animal or person in the Anglo-Saxon world."[46]

Mit dem Wissen über die Verwendung und den Einsatz von Materialien, wie beispielsweise in der Schmiedekunst, geht also einerseits die Kontrolle über die Natur einher, andererseits wird dadurch ein Wertesystem etabliert. Dass bestimmte Rüstungselemente und Schwerter sowie Schmuck ein bestimmtes gesellschaftliches Prestige für den Besitzer ausdrücken, ist für die angelsächsische Geschichte insbesondere durch den berühmten Fund von Sutton Hoo bezeugt.[47] In den insgesamt drei Kämpfen, die Beowulf gegen die verschiedenen Wesen und Monster austrägt, spielt die Rüstung ebenfalls eine tragende Rolle. Kämpft er der Nacktheit des Gegners entsprechend ohne Rüstung und Waffe gegen Grendel, steigert sich in den folgenden Kämpfen die „Schutzhülle" um seinen Körper soweit, dass er in den Drachenkampf als *hringa fengel*[48] zieht. Das Verständnis des menschlichen Körpers als ein aus Einzelteilen zusammengesetztes Gebäude ist in der mittelalterlichen Literatur

45 Vgl. Dieter Lamping: Der Name in der Erzählung : zur Poetik d. Personennamens (Wuppertaler Schriftenreihe Literatur 21), Bonn 1983, der dem Eigennamen die Funktionen der Identifikation, Illusionierung, Charakterisierung, Akzentuierung und Konstellierung, Perspektivierung, Ästhetisierung und Mythisierung zuweist (S. 42).

46 Megan Cavell: Constructing the Monstrous Body in Beowulf, in: Anglo-Saxon England Bd. 43, Cambridge 2014, S. 155-181, hier: S. 156.

47 Vgl. Michael P. Pearson; Robert van De Noort; Alex Woolf: Three Men and a Boat. Sutton Hoo and the East Saxon Kingdom, in: Anglo-Saxon England 22, 1993, S. 27-50.

48 V. 2345:„Herr der Ringe".

verbreitet, da die Physiologie als additive Struktur verstanden wird, die sich auch im menschlichen Handwerk wiederfindet, weil es einzelne Teile zu einem (Kunst-)Werk zusammensetzt.[49] Wenn also das künstlich-technische Merkmal an Beowulf – seine Rüstung – im Verlauf der drei Kämpfe an Bedeutung gewinnt, so ist zu fragen, wie und ob es sich auf seine animalischen und menschlichen Züge auswirkt. Der Umstand, dass Beowulfs Rüstung vom sagenumwobenen Schmied Wieland stammen soll, verankert den Helden ebenso wie sein Name in der alten Sagentradition, wenn gleich er sich auch, wie noch zu zeigen sein wird, in vielerlei Hinsicht von den „Helden des alten Schlags“ unterscheidet.

Gleich beim Empfang in Heorot stellt sich Beowulf selbst als außerordentlich starker Kämpfer bei König Hroðgar vor („[...] forþan hie mægenes cræft min[n]e cūþon; [...]“[50]). In diesem Zusammenhang berichtet er auch von seinen bisherigen Kämpfen, u.a. dem Kampf gegen Wasserungeheuer und Riesen, was seine monströse Kraft unterstreicht. Der zweite Teil seiner Rede lässt ebenfalls nicht an seinem Selbstbewusstsein oder seiner Monstrosität zweifeln, da er um die Chance bittet, allein und mit seiner bloßen Hand gegen Grendel anzutreten („[...] ac ic mid grāpe sceal [...]“[51]). Hierin wird die Angleichung an den monströsen Gegner Grendel und die animalische Rohheit Beowulfs deutlich, da er sich seiner Brünne und Waffen entledigen und dadurch die äußeren menschlichen Züge ablegen will.[52] Er will auf Augenhöhe gegen Grendel *lāð wið lāÞum*[53] kämpfen und ist *bolgemod,*[54] wodurch der Prozess der Wutansammlung unterstrichen wird. Seine Intuition enttäuscht ihn nicht, denn er

---

49 Vgl. Cavell 2014, S. 156.

50 V. 418: „[...] denn sie kannten meine Kraft und meine Stärke; [...].“

51 V. 438: „[...] wie ich mit einem Griff zu tun vermag [...].“

52 So auch zu finden bei Schultz-Balluff, Simone: Männer, Macht und Monster, in: Gunther Gebhard, Oliver Geisler und Steffen Schröter (Hrsg.): Von Monstern und Menschen. Begegnungen der anderen Art in kulturwissenschaftlicher Perspektive, Bielefeld 2009, S. 47-68.
Beowulf erfüllt durch das Ablegen der Kleidung eine typische Voraussetzung für das (ekstatische) Elitekriegertum bzw. einzelne Söldner, vgl. Helmut Birkhan: Furor Heroicus, in: Alfred Ebenbauer.; Johannes Keller (Hrsg.): Das Nibelungenlied und die europäische Heldendichtung. 8. Pöchlarner Heldenliedgespräch (Philologica Germanica 26), Wien 2006, S. 12 u. 24.

53 V. 440: „Feind gegen Feind“.

54 V. 709:„erzürnt“; so wie kurze Zeit später auch Grendel in V. 723. Das DOE liefert zu *belgan* die Übersetzung „to swell with anger; become angry“, vgl. Dictionary of Old English: A to G online, ed. Angus Cameron, Ashley Crandell Amos, Antonette diPaolo Healey *et al.* (Toronto: Dictionary of Old English Project 2007), online vom 01.09.2016 (http://tapor.library.utoronto.ca/doe/dict/indices/headwordsindexa.html).

gewinnt den nächtlichen Kampf gegen Grendel, indem er sich innerlich wie äußerlich animalisch-kämpferisch gibt. Der Nacktkampf könne, so Birkhan, nicht nur bei einem modernen Menschen, sondern auch bei einem mittelalterlichen Ritter auf Unverständnis stoßen, da der Held durch die Entblößung wissentlich die eigene Angriffsfläche und somit die Verletzungsgefahr erheblich vergrößert. Allerdings solle – und das ist das Paradoxon – gerade die Nacktheit höchste Widerstandskraft spenden und den Gegner durch die heroische Entschlossenheit, sich ganz zu exponieren, einschüchtern.[55] Auch wenn beide in dieser Situation gleichermaßen *yrre wæron* (V. 769), also zornige, erhitzte Gemüter besitzen, die nahezu irrsinnig auf die bangenden Umstehenden gewirkt haben müssen, wird Grendel gewahr, dass ihn bisher kein härterer als Beowulfs Griff gepackt hat (vgl. Vv. 750-753). Gerade dieses wilde, zerstörungswütige Verhalten, das den anderen Männern erschreckend erscheint[56] (vgl. Vv. 782-784), steht im Kontrast zu Beowulfs ansonsten demütigen und bescheidenen Auftreten in Heorot. Von einer Reintegration in die zivilisierte Welt ist hier im Gegensatz zu anderen Heldendichtungen nicht die Rede, sondern Beowulf gelingt hier vielmehr ein Situations- und damit einhergehend ein Verhaltenswechsel nach dem Kampf problemlos.

Nach dem siegreichen Ausgang des Grendelkampfes für Beowulf lässt die Rachsucht der Mutter Grendels nicht lange auf sich warten. Der Racheakt spielt im Beowulf-Epos eine entscheidende Rolle für den Fortgang der Handlung und ist das Motiv der Mutter, um die Halle Heorot und ihre Bewohner anzugreifen und den zweiten Kampf zu initiieren.[57] Durch den sich nun immer

55 Vgl. Birkhan, 2006, S. 21.

56 Vgl. Heiko Hiltmann: Das Tier im Mann – Altnordische Tierkrieger-Erzählungen, in: Rainer Pöppinghege (Hrsg.): Tiere im Krieg. Von der Antike bis zur Gegenwart, Paderborn 2009, 181-198, hier: S. 183f. Hiltmann hebt besonders hervor, dass es sich um die vom Autor konstruierte Außenwirkung handelt, die in vielen (isländischen) Sagas transportiert wird. Es gehe beim Bersekergang nicht um die unkontrollierte Raserei, die den Kämpfer – passiv verstanden – überkommt, sondern um die Inszenierung und Demonstration von Wildheit. Für Beowulf scheint dies gleichermaßen zuzutreffen, da auch er seine Stärke durch das Ablegen der Rüstung und seine Wildheit demonstriert.

57 In dieser Episode scheinen die inneren Beweggründe im Vordergrund zu stehen. Die Handlung von Grendels Mutter geschieht im Affekt und keinesfalls vorbereitet, denn sie ist voller Zorn und Rachsucht (V. 1276f.). Nachdem sie einen von Hroðgars Männern getötet hat, ist Beowulf in der Pflicht, diesen an ihr zu rächen. Zur Rache siehe weiterführend: Thomas Möbius: Studien zum Rachegedanken in der deutschen Literatur des Mittelalters (Europäische Hochschulschriften. Reihe 1. Deutsche Sprache und

weiterdrehenden Kreislauf der Rache begleiten Beowulf neben seinen animalisch-monströsen Elementen auch menschliche Beweggründe sowie die Verwurzelung in der germanischen Rachetradition. Eine besondere Form der Rache stellt die Blutrache dar - oft auch im Begriff der Fehde impliziert. Diese findet sich in vielen alten Sagen (z.B. Völsunga Saga) und stellt die höchste Pflicht eines Verwandten für einen anderen sowie für Sippenmitglieder dar.[58] Nach Beck ist der Rachebegriff vom Begriff der Vergeltung teilweise zu differenzieren.[59] Dies betrifft unter anderem die Tatsache, dass der Vergeltungstat eine objektiv gültige Norm zugrunde liegt (z.B. in Form einer Rechtsgrundlage, die der jeweiligen menschlichen Gemeinschaft entspringt). Im Beowulf-Epos tauchen beide Begriffe durch die Verben *wrecan* und *forgyldan* auf.[60] Nach dem Überfall von Grendels Mutter auf Heorot macht sich Beowulf diesmal auf die Suche nach seiner Gegnerin und wird dabei mit allerlei wilden Tieren und gefährlichem Gewässer konfrontiert,[61] die allerdings keine Bedrohung für ihn darstellen. Der Klang des Kampfhorns lässt sie schon von dannen ziehen und hätte das nicht gereicht, wäre Beowulfs erfolgreiche Jagd auf eines der Ungeheuer ein Zeichen der Abschreckung und seiner eindeutigen Übermacht gewesen (vgl. Vv. 1430-1440). Es bedarf nur weniger Kriegsutensilien (*gūðhorn, flānbogan,* und *herestræl*[62]*)*, um die schlangenartigen Ungeheuer und Tiere auf Distanz zu halten. Sogleich spielt der Dichter aber auch wieder mit dem Nähe- und Distanzverhältnis Beowulfs zu diesen wilden Wesen:

„[...]; weras scēawedon
gryrelicne gist. Gyrede hine Bēowulf
eorlgewædum, [...].“[63]

Literatur), Frankfurt a. Main/Berlin/New York/Paris/Wien 1993.

58 Vgl. Heinrich Beck: [Art.] Rache, in: Reallexikon der germanischen Altertumskunde. Bd. 24 (2000), S. 45-47.

59 Ebd., S. 46.

60 Dies scheint zumindest darauf hinzudeuten, dass bereits im frühen angelsächsischen Kulturraum die Unterscheidung der Begriffe nötig war, vgl. Möbius, 1993, wo auch die Verankerung der Begriffe in der menschlich-kulturellen Sphäre hingewiesen wird.

61 Das Motiv des Weggehens aus dem Kulturraum in die wilde Natur ist heldentypisch.

62 „Kriegshorn“ (V. 1432), „Bogen“ (V. 1433) und „Kriegspfeil“ (V. 1435).

63 Vv. 1440-1442:„[...] Die Männer betrachteten den schrecklichen Fremden. Beowulf zog sich das Kriegsgewand an [...]“.

Zunächst betrachtet der Leser[64] gemeinsam mit den Männern das Ungeheuer. Dann aber schweift der Blick des Lesers innerhalb des Verses vom eben erlegten, fremdartig anmutenden Wesen zu Beowulf, der sich in seine Rüstung kleidet, um in den Kampf gegen Grendels Mutter zu ziehen. Auf der einen Seite des Verses ist das nackte Tier, der *gryrelicne gist*, auf der anderen Seite *Bēowulf*, dessen Menschlichkeit sogleich durch die angelegte Rüstung betont wird. Der Held und seine Kleidung verkörpern das Wechselspiel zwischen animalischer und menschlicher Sphäre. Auf formaler Ebene gelingt diese Verbindung der beiden Vershälften mit Hilfe des Stabreims (g*yrede)*.[65] Im Kampf gegen Grendels Mutter setzt sich dieses Wechselspiel fort, weil Beowulf dort einem Wesen gegenübertritt, mit dessen Namen ebenfalls in Form von Kenningar gespielt wird. Sie wird zweimal als *brimwylf*[66] bezeichnet, weshalb die Grenzen zwischen Tier und Mensch verwischen und man sich die Frage stellen kann, ob nun Mensch gegen Monster oder zwei monströse „Wölfe" (Beo*wulf* und brim*wylf*) gegeneinander kämpfen.[67]

Demnach ist es stringent, anhand der Rüstung für den dritten und letzten Kampf die deutlichste Abgrenzung Beowulfs von seinen animalisch-monströsen Gegnern anzunehmen. War er anfangs noch innerlich wie äußerlich eine Art Berserker, entwickelt Beowulf sich rein äußerlich in den Kämpfen zu einem Krieger mit immer mehr (Rüstungs-)Elementen. Mit jedem Kampf grenzt sich Beowulf mehr und mehr durch seine äußere Hülle von seinen Gegnern körperlich ab und drückt seine Machtposition aus.[68] Im Drachenkampf scheint von dem Wechselspiel der animalischen und menschlichen Elemente, das in den

64 In dem Bewusstsein, dass das ursprünglich mündlich tradierte Epos mehr Zuhörer als Leser hatte, verwende ich des besseren Leseflusses wegen im Folgenden den Leser als Bezugsgröße, beziehe aber dabei die gesamte Rezipientengruppe mit ein.

65 Die hier vom Dichter beabsichtigte Leserlenkung auf die (nun gesteigerte) Rüstung Bewulfs betont auch Andersson und sieht darin einen Anknüpfungspunkt für Heuslers „Anschwellungstheorie", vgl. Theodore M. Andersson: Die Oral-Formulaic Poetry im Germanischen, in: Heinrich Beck (Hrsg): Heldensage und Heldendichtung im Germanischen (Ergänzungsbände zum Reallexikon der Germanischen Altertumskunde, Bd. 2), Berlin/New York 1988, S. 8.

66 V. 1506; 1599:„Wölfin des Meeres".

67 Zu dieser Uneindeutigkeit führt Cavell aus, dass es weder für Grendel noch seine Mutter eine klare Zuweisung zur naturgegebenen (animalischen) oder kulturellen (menschlichen) Welt gebe, weil sie sich insbesondere durch ihre Körperlichkeit stets auf der Grenzlinie befinden, vgl. Cavell 2014, S. 181.

68 Vgl. Sutton Hoo, Anm. 47.

vorherigen Kämpfen deutlich zum Tragen kam, nicht mehr viel übrig zu sein:[69] Beowulf ahnt, auf was er sich einstellen und wie er sich dementsprechend rüsten muss (vgl. Vv. 2522-2524). So tritt er erneut *heard under helme* auf, zieht in den Kampf und gleicht sich hier auch wieder seinem Gegner, einem gepanzerten Drachen an,[70] wobei er sich gleichzeitig nach außen vor diesem schützt und dadurch zwischen sich und dem Gegner eine Grenze zieht. So menschlich und fürsorglich mit *hreow on hreðre*[71] Beowulfs Absicht gerade in diesem Kampf ist, nämlich sein Volk vor den Drachenangriffen zu schützen,[72] so rau und festgefahren ist sein Kampfstil. Er ist und bleibt *heard*, doch seine Abgrenzung lässt ihn allein dastehen und scheitern.[73] Zwar werden sowohl die Monster als auch Beowulf selbst allesamt durch Attribute wie *āglæca*[74] näher bezeichnet, was deren prinzipielle Angleichung aneinander unterstreicht,[75] aber wir haben es bei Beowulf bereits auf der ersten Ebene mit einem ambivalenten Helden zu tun, der auf der Schwelle zwischen animalischer und menschlicher Sphäre steht.[76] So

---

69 Der Gegner weist in diesem Fall auch überhaupt keine menschlichen Züge auf. Es ist ein mythologisches Wesen, dem Beowulf gegenübertritt.

70 Das Vorhandensein eines Panzers entspringt V. 2680, da dort davon die Rede ist, wie Beowulfs Schwert am Drachen zerbarst.

71 V. 2328:„Sorge im Herzen".

72 Die explizit fürsorgliche Seite Beowulfs scheint mit dem Besteigen des Königsthrons neu gewonnen oder entfacht worden zu sein, denn dass die Motivation für Beowulfs Fahrt nach Dänemark fürsorglicher Natur gewesen ist, wird nie erwähnt (auch kein anderer Grund). Was immer ihn ursprünglich zur Hilfeleistung für Heorot bewogen hat: Als Beowulf einmal in den Kreislauf geraten ist und gegen Grendel gesiegt hat, motiviert ihn die Rache und er zieht weiter stellvertretend für die Dänen gegen dessen Mutter in den Kampf.

73 Allein steht er zunächst nicht nur vor dem Drachen, sondern auch als der Held, der trotz seiner Verwurzelung in der *heroic age so* anders ist als andere Helden.

74 Nom., mask., das DOE macht zur Übersetzung folgende Angaben: „awesome opponent; ferocious fighter", vgl. Dictionary of Old English, online vom 01.09.2016 (http://tapor.library.utoronto.ca/doe/dict/indices/headwordsindexa.html). Das Bosworth-Toller Anglo-Saxon Dictionary bietet darüber hinaus noch „A miserable being, wretch, monster" an, vgl. Bosworth, Joseph. "An Anglo-Saxon Dictionary Online." Aglǽca. March 21, 2010, online vom 01.09.2016 (http://www.bosworthtoller.com/001252). Das Attribut ist beispielsweise zu finden für Grendel in V. 645 und 739, Grendels Mutter in V. 1259 (als Femininum: āglǽcwif) sowie V. 1269, Beowulf und der Drache: V. 2592. Auch Sigemund, der als Siegfrieds Vater bekannt ist, wird mit diesem Begriff bezeichnet (V. 893).

75 Vgl. Greenfield, 1989, S. 70.

76 Zu verschiedenen Schwellenzuständen des Beowulfepos siehe u.a. Sarah L Higley.: Thought in Beowulf and Our Perception of it: Interiority, Power, and the Problem of the Revealed Mind, in: Robin Waugh; James Weldon (Hrsg.): The Hero Recovered: Essays on Medieval Heroism in Honour of George Clark, Kalamazoo 2010, S. 23-46.

wie er sich kontrastiv von seinen Gegnern abhebt und das Animalische vermeintlich in den Hintergrund rückt, so grenzt er sich andererseits von anderen (animalischen) Helden, die in den zahlreichen Digressionen auch Erwähnung finden,[77] durch sein vorbildliches Verhalten ab. Man könnte Beowulf einen Mangel flexibler Kampftechniken vorwerfen, weil er mit Stärke (*heard under helme)* siegen will, wie er es gewohnt ist,[78] doch seine Kontrastierung zu Gegnern und anderen Helden, die das Epos zeichnet, sind gerade ein Beleg für die Fähigkeit zur Andersartigkeit und Grenzverschiebung. Sein Tod und somit sein Scheitern müssen also noch eine andere Erklärung haben und können nicht allein auf die Tatsache geschoben werden, dass Beowulf ein monströser „Haudegen des alten Schlags" geblieben ist, dem im Alter womöglich die Kraft fehlt.

III.1.2 Siegfried

„Noch weiz ich an im mêre, daz mir ist bekannt:
einen lintdrachen, den sluoc des heldes hant.
er badet sich in dem bluote. Sîn hût wart hurnîn.
des snîdet in kein wâfen. Daz ist dicke worden schîn."[79]

Die Distanzierung von dem magisch anmutenden Geschehen, der Verwandlung Siegfrieds und der damit verbunden Aneignung (über-)natürlicher Elemente geschieht im NL durch den Erinnerungsbericht Hagens.[80] Neben Eigenschaften

77 Vgl. *Sigemunde* in V. 875, dessen Erwähnung sogleich zum Vergleich mit der Sigurd-/Siegfriedsage einlädt.

78 Vgl. Schultz-Balluff, 2009, S. 57.

79 Str. 98: „Ich weiß noch mehr von ihm, das mir bekannt ist/einen Drachen, der schlug die Hand des Helden./Er badete sich in dem Blut; seine Haut wurde hörnern./Darum verletzt ihn keine Waffe. Das hat sich schon oft erwiesen."

80 Vgl. Jan-Dirk Müller: Spielregeln für den Untergang. Die Welt des Nibelungenliedes, Tübingen 1998, S. 130-136; ihm folgend: Udo Friedrich: Menschentier und Tiermensch. Diskurse der Grenzziehung und Grenzüberschreitung im Mittelalter, Göttingen 2009, S. 216. Gleichzeitig ist hier Siegfrieds positiver Ruf dokumentiert.
Zum ersten Mal taucht Siegfried jedoch in Kriemhilds Traum als Falke auf (vgl. Str. 11f.), der die Bedeutung des Tiersymbols für Siegfried deutlich hervorhebt und gegenüber dem Habicht aus der nordischen Tradition aufwertet, vgl. Gernot Müller: Zur sinnbildlichen Repräsentation der Siegfriedgestalt im Nibelungenlied, in: SNPH 47

wie Siegfrieds Mut, Stärke und Entschlossenheit, weiß er, dass Siegfried ein Drachentöter ist und in Drachenblut gebadet hat. Daher erklärt sich auch dessen Unverwundbarkeit:

> „Durch das Blut des Tieres können sowohl physiologische als auch hierarchische Qualitäten auf den Empfänger übertragen werden. Eine solche Übertragung findet, ins mythisch-fabelhafte entrückt, während Siegfrieds Bad im Drachenblut statt: Siegfrieds Haut nimmt die physischen Qualitäten der Drachenhaut an.“[81]

Der Kontakt der animalischen und der menschlichen Sphäre findet also unmittelbar körperlich durch den Erwerb einer Zweithaut statt.[82] Diese schützt und imprägniert nicht nur seine eigene Haut vor tödlichen Waffen, wie die oben zitierte Strophe berichtet, sondern panzert ihn nahezu in Gänze.[83] Siegfried ist animalisch (*degenliche*[84]) und menschlich (*edel*[85]) zugleich. Wie manifestiert

(1975), S. 95-98.

81 Britta Simon: Höfisch – Heroisch – Fragmentiert: Körpergebundene Kommunikation im ‚Nibelungenlied' (Diss.), Ann Arbor 1998, S. 136. Die Schlussfolgerung lautet: Siegfried wird als Drache zum Außenseiter der Zivilisation.

82 Die animalische Hornhaut Siegfrieds stellt die erste Schicht von dreien dar. Sie wird von der Kleidung/Rüstung überdeckt und alles zusammen kann durch die Tarnkappe verhüllt werden, weshalb Ebenbauer von einer „Ästhetik des Verschwindens“ spricht, vgl. Alfred Ebenbauer: Achillesferse – Drachenblut – Kryptonit: Die Unverwundbarkeit der Helden, in: Ders., Johannes Keller (Hrsg.): Das Nibelungenlied und die europäische Heldendichtung. 8. Pöchlarner Heldenliedgespräch (Philologica Germanica 26), Wien 2006, S. 78.

83 Drachenblut galt im Mittelalter als Härtemittel (vgl. Simone A. Kraft: Der Drachenkampf in der Literatur des Mittelalters, Philologisch-Kulturwissenschaftliche Fakultät der Universität Wien, unveröffentlichte Diplomarbeit aus dem Jahr 2009, S. 71, online vom 09.10.2016 (http://othes.univie.ac.at/4220/1/2009-03-16_0301829.pdf)), aber auch als tödlich (vgl. Hildegard von Bingen: Naturkunde. Das Buch von dem inneren Wesen der verschiedenen Naturen in der Schöpfung. Hrsg. von Peter Riethe. Salzburg 1974, S. 139.).

84 Dieses Adjektiv ist mit „heldenhaft“ oder „furchtlos“ zu übersetzen, vgl. Beate Hennig: Kleines Mittelhochdeutsches Wörterbuch, 5. durchges. Aufl., Tübingen 2007, S. 51. Furcht ist aber gerade eine wesentliche, schützende Emotion, die Menschen wie Tieren instinktiv zueigen ist. Insofern macht die Kombination beider Übersetzungsmöglichkeiten deutlich, dass es bei einem Helden auch immer um (unnatürliche) Furchtlosigkeit geht, die über das Menschliche hinausragt bzw. das Übermenschliche einschließt. *Degen* kann einen „Kämpfer“ oder einfach einen „Mann“ meinen.

85 Für *edel* bietet Hennig, 2007, S. 62 im Kontrast zu *degen(lich)* die Übersetzung „adlig“ an, welches eindeutig ein menschliches Attribut ist.

sich beides? Wie stehen Siegfrieds Heldenhaftigkeit, also seine animalisch-kämpferische Natur, und sein adeliges Betragen zueinander?[86]

Dafür lohnt auch in Siegfrieds Fall ein Blick auf das nordische Pendant, in seinem Fall Sigurd.[87] Dieser ist in der nordischen Version, die im Gegensatz zum NL ausführlicher auf die Jugendgeschichte und den Drachenkampf eingeht, der Halbbruder Sinfjötlis und somit auch der Sohn Sigemunds (vgl. *Beowulf*). Im Unterschied zur deutschen Fassung isst Sigurd das Drachenherz und trinkt das Blut, wodurch er nicht nur seine Unverwundbarkeit erlangt, sondern auch die Fähigkeit erwirbt, die Vogelsprache zu verstehen. Mit Sigurd wird das Animalische im Helden explizit angesprochen und genauer skizziert als bei Siegfried im NL, das den Drachenkampf zweimal und beide Male nur indirekt durch Figurenerzählungen erwähnt.[88] Sigurd „verinnerlicht" den Drachen geradezu durch den Verzehr. Die Herkunft Siegfrieds und Sigurds aus einem gemeinsamen Sagenkreis erlaubt aber die Schlussfolgerung, dass das Animalische auch für Siegfried ein elementares und sagenhaftes Souvenir aus dem *heroic age* ist, das – im wahrsten Sinne des Wortes – an ihm haftet.[89] Eine weitere Variante des Erwerbs der Hornhaut bietet darüber hinaus die „Historie des Hürnen Seyfrid" aus dem 16. Jahrhundert: Neben der Wildheit des jungen Seyfrid erzählt die Historie von dem im Feuer schmelzenden Hornpanzer des Drachen, mit dessen nun flüssiger Masse sich Seyfrid selbst einreibt.[90] In jedem Fall steht fest, dass nur durch die Angleichung an das Untier dem Helden der

---

86 In dieser Frage zeigt sich wie eng die Ebenen, auch wenn sie hier einzeln dargestellt werden, miteinander zusammenhängen.

87 Sowohl die Liederedda als auch die Snorraedda sowie die Thidrek- und die Volsunga saga berichten von Sigurd; daneben gibt es auch noch die färöischen Sigurdlieder, vgl. Arnulf Krause: [Art.] Sigurd; Sigurdlieder, in: Reclams Lexikon der germanischen Mythologie und Heldensage. Mit 64 Abbildungen (2010), S. 254-257. Außerhalb der literarischen Quellen ist die Sigurdsage auch auf verschiedenen Steinritzungen verewigt. Der bekannteste ist der Ramsund-Felsen in Schweden, denn er bietet die „prachtvollste Darstellung" (Klaus Düwel: Runenkunde, 4. überarb. und aktual. Aufl., Stuttgart/Weimar 2008, S. 140.).

88 Vgl. Str. 98 und 899.

89 „[...] Die Überhaut macht Siegfried – mit den anderen Gaben – zu einem Überkrieger." (Walter Seitter: Das politische Wissen im Nibelungenlied. Vorlesungen, Berlin 1987, S. 82.).

90 Vgl. K. C. King: Das Lied vom Hürnen Seyfrid. Critical Edition with Introduction and Notes by K. C. King, Manchester 1958, hier Str. 8-11. So erklärt sich auch auch die freie Stelle am Rücken, die er mit den eigenen Händen nicht erreichen kann. In der Thidrek saga bestreicht sich Sigurd ebenfalls – allerdings mit dem Blut – nachdem er das Drachenfleisch gekostet hat.

Sieg über selbiges sicher ist.[91] Siegfried wird in gewisser Weise zu dem, was er getötet hat: einem Drachen. Der Drache ist in der Nibelungensage immer ein verwandelter Mann: *Edda, Volsunga saga, Thidrek saga* und das *Seyfridlied* bestätigen dies.[92] Insofern gelten auch die Metamorphose und die monströse Stärke für Siegfried.[93] Da Siegfried ein verwandelter Mann ist, verwundert es nicht, dass ihm das Adjektiv *vreislich*[94] zugeschrieben wird. Er hat, auch wenn er das Blut nicht wie Sigurd verzehrt, die dämonischen Eigenschaften des Drachen verinnerlicht und verleiht ihnen gleichzeitig mit der Drachenhaut an seinem Körper eine menschliche Kontur.[95] Er bietet seiner Umwelt trotz seiner edlen und stolzen Erscheinung (vgl. Str. 84) ein furchterregendes, grausames Bild seiner Person (vgl. Str. 95). Er ist außergewöhnlich edel und zugleich außergewöhnlich gefährlich, weshalb ihm sein Ruf weit vorauseilt; andernfalls könnte Hagen die Aussagen über Siegfried, bevor er ihm überhaupt erstmalig begegnet, nicht tätigen. Bei der ersten Begegnung sagt ihm Siegfried sofort provokativ den Kampf an (vgl. Str. 108) und zeigt dadurch seine Überheblichkeit, der die Wormser Gesellschaft mit geübter Fassung gegenübertritt. An dieser kontrastiert Siegfrieds raue Art.

Als furchteinflößender Kämpfer scheint Siegfried eine Gemeinsamkeit mit Beowulf zu haben.[96] Mit Blick auf die nordischen Erzählungen über die Fähigkeiten seines Vaters Sigemund und seines Halbbruders Sinfjötli, die zwar nicht explizit als Ulfheðnar – Wolfshautträger – betitelt werden, aber dennoch Wolfskrieger sind, ist es nicht abwegig, die ihnen ebenbürtige Kampfeswut auch in Siegfried zu erkennen: „Die *vreisliche sit* (B 210,4) Siegfrieds im *Nibelungenlied* erhält so eine weitere, archaischere Dimension!“[97]

---

91 Vgl. Walter Haug: Szenarien des heroischen Untergangs, in: Alfred Ebenbauer, Johannes Keller (Hrsg.): Das Nibelungenlied und die europäische Heldendichtung. 8. Pöchlarner Heldenliedgespräch (Philologica Germanica 26), Wien 2006, S. 151.

92 Vgl. Thomas Eichfelder: Siegfriedmythen vor 1200, in: Volker Gallé (Hrsg.): Siegfried. Schmied und Drachentöter (Nibelungeneditionen 1), Worms 2005, S. 81.

93 Koch, 2009, S. 132-135 führt Belege der nordischen Überlieferungen in Bezug auf Siegfrieds physische Exobitanz an.

94 Str. 95: „wild“, „gefährlich“, „stark“, „grausam“, „furchterregend“ (Hennig, 2007, S. 438.). *Vreislich* taucht sonst nur in Str. 328,2 und Str. 652,4 als Beschreibung für Brünhilt auf.

95 Zu diesem Schluss kommt auch Joyce T. Lionarons: The Medieval Dragon: The Nature of the Beast in Germanic Literature, Enfield Lock 1998, S. 82: „[...he] internalized the characteristics of the dragon while retaining his human form.“

96 Zu diesem Schluss kommt auch Koch, 2009, S. 140.

97 Koch, 2009, S. 144.

Bevor in der 16. Aventiure sein Ende naht, trägt der Held noch eine andere Hülle:

„Von einer ludemes hûte waz alles sîn gewant.
Von houbet unz an daz ende gestreut man dar ûffe vant."[98]

Siegfried befindet mit den anderen Burgunden auf der Jagd,[99] um – zum wiederholten Mal – sein großes Geschick und seine übermenschliche Stärke zu demonstrieren. Dabei jagt er in seiner Fellbekleidung sämtlichen Tieren des Waldes hinterher und wird selbst ganz wild.[100] Schließlich entwickelt er einen solch *hôhen muot,*[101] der ihn zur Bärenjagd verleitet. Der Jäger wird bereits hier als „Jagdwild" präsentiert: Das Fell, das Siegfried von Kopf bis Fuß trägt, macht ihn dem Tier, das er nun jagen will, ähnlich.[102] Dennoch spricht der Text im unmittelbarem Umfeld des obigen Zitats vom *ritter edele* (Str. 954). Siegfrieds äußere Erscheinung lässt also beides zu: er mutet nach der Bärenjagd an wie ein edler Ritter, der sich aber zugleich mit animalischen Elementen bestückt hat. Daraufhin beginnt das Festmahl, doch ein natürliches Verlangen, das die anderen Recken mit *valschem muot*[103] einkalkuliert haben, treibt Siegfried in die geplante, tödliche Falle: Aufgrund seines Durstes geht er auf den Wettlauf zur

---

98 Str. 951,1f.: Aus seltsamem Fell war sein ganzes Gewand.
Von Kopf bis Fuß fand man verschiedenes Fell."

99 „[...] die Jagd [bringt] den Adeligen in eine positive Nähe zum Tier [...]", Friedrich, 2009, S. 216.

100 Auch hier ist der Brückenschlag zu den verkleideten Ekstasekriegern des Nordens leicht. Die menschliche Wildheit ist allerdings auch in anderen Völkern und ihren Traditionen bekannt. Man denke dabei z.B. an den Wilden Mann, der durch Fellbekleidung und das Tragen anderer tierischer Elemente (Hörner, Geweihe) seinen naturnahen, unzivilisierten Randstatus markiert, vgl. Rudolf Simek: Monster im Mittelalter, Köln/Weimar/Wien 2015, S. 101. Auf die Hirschsymbolik (Geweih) geht Eichfelder, 2005, S. 83f. ein. Eine Adaption der Hirschspiele um den keltischen Gott Cernunnos („der Gehörnte"), die neben erotischen auch jägerhafte Motive umfasst, sei in der Nibelungensage wahrscheinlich.

101 Str. 947: „Hochmut"; „Übermut". Dabei sei nicht *superbia,* sondern eine extreme Selbstsicherheit gemeint, die ebenso wie der Zorn zum Helden gehöre, vgl. Ursula Schulze: Siegfried- ein Heldenleben? Zur Figurenkonstituierung im Nibelungenlied, in: Mattias Meyer, Hans-Jochen Schiener (Hrsg.): Literarische Leben. Rollenentwürfe in der Literatur des Hoch- und Spätmittelalters. Festschrift für Volker Mertens zum 65. Geburtstag, Tübingen 2002, S. 683, Anm. 36. Superbia ist darüber hinaus auch als Todsünde bekannt, was dem Erfolg des Helden sicher nicht dienlich wäre.

102 Eichfelder, 2005, S. 83. Die positive Nähe zum Tier (vgl. Anm. 98) wird umgekehrt. Später wird Siegfried tatsächlich zum Gejagten von Hagen und Gunther.

103 Str. 961,3: „Falschheit".

sprudelnden Quelle ein (Str. 969-973). Siegfried trägt neben seinen vielen anderen Hüllen auch noch ein Hemd, auf dem seine Schwachstelle an der Schulter markiert ist.[104] Ausgerechnet dieses von seiner Frau präparierte Kleidungsstück wird ihm zusammen mit *sîne zühte*[105] zum Verhängnis.

Siegfried steht auf der Grenzlinie des Animalischen und Menschlichen. Die misslungene Integration beider Seiten ist an seinem Scheitern maßgeblich beteiligt.[106] Seine Erscheinung und sein Verhalten verlaufen häufig konträr, wobei es sich um „die gewollte, bewußt ins Werk gesetzte Nicht-Entsprechung von Außen und Innen, Zeichen und Sachverhalt“[107] handelt. Siegfried trägt trotz seiner Drachenhaut noch eine Brünne (und sein Schwert), was seine Schutzbedürftigkeit als Mensch hervorhebt, denn andernfalls könnte die Drachenhaut ausreichen. Ebenbauer wirft die Frage nach dem Sinn dieses „Mehrfach-Verteidigungssystem[s]“[108] auf und versucht sie mit dem unvermeidbaren Schicksal aller Menschen, Helden und sogar Götter zu beantworten: dem Tod.[109] Doch in diesem beziehungslosen Übereinander[110] verschiedener (Haut-)Schichten und Verhüllungen manifestiert sich auch ein Charakterisierungsproblem,[111] denn die Integration verschiedener innerpersönlicher Aspekte kann der Held nicht allein durch das Überstülpen

104 Kriemhilds Absicht war, dass Hagen genau diese Stelle beschützt, doch das Gegenteil ist der Fall (vgl. Str. 900).

105 Str. 977,1: „höfische Erziehung“.

106 Wenn auch nicht ausschließlich, da Kriemhilds Markierung einen wesentlichen Teil zu seiner Ermordung beträgt.

107 Ingrid Hahn: Zur Theorie der Personenerkenntnis in der deutschen Literatur des 12. bis 14. Jahrhunderts, in: PBB 99 (1977), S. 425.

108 Ebenbauer, 2006, S. 81.

109 Der Tod eines Helden ist eines seiner wesentlichen Merkmale, denn nur so ist ihm der Nachruhm gesichert.

110 „In keinem Fall setzt der Held die Partien reflektierend zueinander in Beziehung.“, Schulze, 2002, S. 688.

111 In der heroischen Epik kann nicht von einem Identitätsproblem, wie es beispielsweise *Wigalois, Iwein, Gawein* und *Tristan* widerfährt, gesprochen werden, vgl. Jan-Dirk Müller: Identitätskrisen im höfischen Roman, in: Peter von Moos (Hrsg.): Unverwechselbarkeit. Persönliche Identität und Identifikation in der vormodernen Gesellschaft (Norm und Struktur 23), Köln/Weimar 2004, S. 300. Wohl aber legen es die vielen Überlieferungen der Nibelungensage darauf an, dass für Siegfried ein Spektrum von Glorifizierung seiner Person bis zur Dämonisierung geboten werden kann und wurde, vgl. Lydia Miklautsch: Müde Männer-Mythen: Muster heroischer Männlichkeit in der Heldendichtung, in: Alfred Ebenbauer, Johannes Keller (Hrsg.): Das Nibelungenlied und die europäische Heldendichtung. 8. Pöchlarner Heldenliedgespräch (Philologica Germanica 26), Wien 2006, S. 254.

einer animalischen oder menschlichen Hülle vollziehen. In der Vielzahl seiner Hüllen äußert sich seine innere Vielschichtigkeit.[112] Doch weil Siegfried eine Vielheit verkörpert, scheint es keine eindeutige Bezugsgröße für die Integration der animalischen und menschlichen Elemente zu geben, sondern diese tauchen mitunter willkürlich auf, ob es für ihn förderlich ist oder nicht. Diese durch die Hüllen des Helden angedeutete Überlappung oder Vermischung ist nur mit Einschränkung integrativ zu verstehen, denn Animalisches und Menschliches sind zwar in allen Bereichen vorhanden,[113] aber das Problem ist, dass sie keiner eindeutigen Rollen- oder Selbstfindung dienlich sind, sondern die Vielzahl seiner Rollen widerspiegeln, die sich „an dem Faden des Lebenslaufs aneinander gereiht, ohne scharfe Abgrenzung durchdringen".[114] Weder das Animalische noch das Menschliche an Siegfried ist einer festen Rolle oder Sphäre zu- bzw. untergeordnet.[115] Ob er nun die Rollen am Hof oder in der Wildnis bekleidet: In beiden Welten zeigen sich animalische, monströse, aber auch menschlich-zivilisierte Elemente, die er nicht seiner Umgebung und dem Anlass entsprechend einzusetzen vermag. Sie haften in jedem Augenblick an ihm wie eine zweite Haut.

112 Das Modell der schichtweisen Zusammensetzung der Figur verfolgen auch Müller, 1998, S. 248, und Schulze, 2002, S. 687f., vgl. auch Anm. 82.

113 Gemeint sind hier die Großräume Natur und Kultur, zwischen denen ein Held sich ständig bewegt. Siegfried ist sowohl wild und wohlerzogen am Hof als auch höflich und animalisch anmutend im Wald.

114 Schulze, 2002, S. 688. Folgende Rollen Siegfrieds werden hier aufgelistet: Königssohn und Herrscher, mythischer Held, Minneritter, fürstlicher Gast und Verbündeter, Brautwerbungshelfer, überlegener Jäger, Mordopfer, betrauerter Fürst. Während die heutige Gesellschaft durch „partizipative Identitäten" ausgezeichnet ist, lebt das mittelalterliche Individuum durch „Inklusionsidentität", also der primären Zugehörigkeit zu einer Gruppe, wobei die individuelle (biographische) Abweichung die Idee einer vollständigen Inklusion relativiert, vgl. Jan-Dirk Müller: Höfische Kompromisse. Acht Kapitel zur höfischen Epik, Tübingen 2007, S. 227f. Weiterführend zur mittelalterlichen Identitätsproblematik: Gerhard O. Oexle: Luhmanns Mittelalter (Rechtshistorisches Journal 10), 1991, S. 53-66.

115 Wenzel thematisiert die Rollendifferenzierung des „unfesten Helden" und postuliert, dass „wir in den höfischen Texten grundsätzlich keine Individualbiographien, sondern Fallbeispiele gelungener und mißlungener Inszenierung [finden] […]." (Horst Wenzel: Der unfeste Held. Wechselnde oder mehrfache Identitäten, in: Peter von Moos (Hrsg.): Unverwechselbarkeit. Persönliche Identität und Identifikation in der vormodernen Gesellschaft (Norm und Struktur 23), Köln/Weimar 2004, S. 183.).

III.1.3 Wolf Dietrich

Das Animalische in der Figur Wolf Dietrichs wird wie bei Beowulf schon durch den Namen markiert, der eine wichtige Komponente für dessen Individuation darstellt.[116] Zunächst heißt das neugeborene Kind Dietrich wie seine beiden anderen Brüder, wodurch der Held in die Tradition des Dietrich von Bern gestellt wird. Der *Wolf Dietrich* basiert auf einem der Heldenepik typischen Fundus an Motiven und narrativen Mustern, wie er auch der Dietrichepik zu eigen ist.[117] Doch diese weniger personal, sondern vielmehr genealogisch angelegte Identität jenes Dietrichs, der später seinen individuellen Weg als Wolf Dietrich fernab vom Vater gehen wird, ist in doppelter Hinsicht – einmal für die Einordnung in den Dietrichkomplex und dann für die Erzählung selbst – eine Verankerung der Figur in der Tradition und ihrer Geschichte. Sein Wolfsabenteuer als Kind hebt ihn allerdings hervor, denn seit der überlebten Aussetzung in der Wildnis trägt er den Namen Wolf Herr Dietrich, was ihm eine neue, jetzt ganz persönliche Identität in Abgrenzung zu den anderen Dietrichen verleiht.[118] Er wird so so einem Wolfsherrn erhoben und dadurch zu einem anderen, einem neuen und besonderen Dietrich, aber gleichzeitig auch zum „Ur-Dietrich", da dem Sagenkundigen bekannt ist, dass Wolf Dietrich der Ururgroßvater Dietrichs von Bern ist.

Neben den furchteinflößenden Eigenschaften eines Wolfs existieren auch positive Zuschreibungen, die beide seit der Antike an diesem zwiespältigen Tier

116 Die Selbstwerdung und die Verfestigung der eigenen Individualität des Menschen geht auf C. G. Jung zurück, auf den auch eine Studie in Bezug auf Beowulf zu sprechen kommt, vgl. Anm. 306.

117 Obwohl der Versuch einer Verwurzelung des *Wolf Dietrich* in der Völkerwanderungszeit und Frühmittelalter zu keinen befriedigenden Ergebnissen geführt hat (vgl. Millet, 2008, S. 393f.), wird Wolf Dietrich dennoch literarisch in eine genealogische Beziehung zu Dietrich von Bern gesetzt, da er in der Einleitung von *Dietrichs Flucht* als dessen Ur-Ur-Großvater angegeben und somit in den Erzählkomplex um Dietrich verwoben wird, vgl. Fuchs-Jolie, Millet, Peschel, 2013, S. 700f. [Nachwort]. Als weiteres gattungskonformes Merkmal ist die metrische Form zu nennen.

118 Hierin wird nun die Beziehung zu Dietrich von Bern ebenfalls persönlich gestaltet; in dem Moment der Namensänderung in Wolf Dietrich ist dieser nun nicht mehr nur aus dem *heroic age* stammend, sondern stellt selbst einen Vorfahren Dietrichs dar.

haften.[119] Wolf Dietrich übernimmt namentlich und innerlich wölfische, *wilde*[120] Züge. Namensbildungen mit „Wolf" (germ. **wulfa-z*[121]) zählen zu den häufigsten germanischen theriophoren Namenskomposita:[122]

> „So pflegen auch die Barbarenvölker ihren Kindern Namen von wilden Tieren, Raubvögeln und anderen Bestien zu geben, die mit Zerstörung zu tun haben, da sie es für ehrenvoll halten, solche Kinder zu haben, die kriegstüchtig und blutdurstig sind."[123]

Bei Wolf Dietrich handelt es sich ebenfalls um frühkindliche Anlagen, wobei das Besondere – im Vergleich zu den Helden des höfischen Romans, die eine Zeit in der Wildnis verbringen[124] – ist, dass die wilde, wölfische Art in ihm beständig

---

119 Die (negativen) Eigenschaften des Wolfs lassen sich in einigen Redensarten finden, z.B. 'lupus in fabula', was darauf abzielt, dass jemand (in der *fabula* – Fabel – der Wolf) im Moment der Nennung seines Namens erscheint (vgl. (dt.) „Wenn man vom Teufel spricht...") oder (engl.) '(to) cry wolf' ,was bedeutet, blinden Alarm zu schlagen. Der Wolf tritt aber auch als Wegweiser und Helfer in Erscheinung (als Tieramme dient die Wölfin, die Romulus und Remus säugt; den Helden in den germanischen Mythologien steht er oftmals als Reittier zur Verfügung), vgl. Werner Bies: [Art.] Wolf, in: Enzyklopädie des Märchens Bd. 14 (2014), Sp. 912-923.; Julia Weitbrecht: Lupus in fabula. Mensch-Wolf-Relationen und die mittelalterliche Tierfabel, in: Hans J. Scheuer, Ulrike Veddar (Hrsg.): Tiere im Text. Exemplarität und Allegorizität literarischer Lebewesen (Publikationen zur Zeitschrift für Germanistik. Neue Folge 29), Bern 2015, S. 31-35.

120 Mit *wilde* sind hier die in der Wildnis intensivierten, affektgeleiteten Charakterzüge gemeint. Ganz allgemein gesprochen, können diese aber sowohl positive (wunderbares Wesen) als auch negative Züge (Sittenlosigkeit) meinen und in der mittelalterlichen Literatur verschiedenste Ausprägungen aufweisen, vgl. Larissa Schuler-Lang: Wildes Erzählen – Erzählen vom Wilden: Parzival, Busant und Wolfdietrich D, Berlin 2014, S. 13-17.

121 Es ist für mehrere indogermanische Sprachen als Namenselement nachgewiesen. Jochum-Godglück, 2011, S. 450 führt altindisch *Vṛkala, Vṛkaajina,* griechisch *Λυκαυθος, Λυκομηθης,* tschechisch *Vlk, Vlkimir,* slowenisch *Vlkonja,* polnisch *Suchowilk* als Beispiele an.

122 Vgl. Jochum-Godglück, 2011, S. 450f. Der ursprünglich auffällige Bezug der Namenskomposita zum Wortfeld „Kampf und Krieg" wird hier mit Beispielen wie Hildufus, Gundulfus (beides für ,Kampf-Wolf'), Gerwulf (,Speer-Wolf'), Brandolf (,Schwert-Wolf') verdeutlicht.

123 Vgl. Jochum-Godglück, 2011, S. 453: *Sicut solent et barbarae gentes nomina filiis imponere ad devastationem respicientia bestiarum, ferarum, vel rapacium volcrum, gloriosum putantes filios tales habere, ad bellum idoneos, et insanientes in sanguinem.*, Zitat aus dem *Opus imperfectum in Matthaeum,* 5./6. Jh. nach Gunter Müller: Studien zu den theriophoren Personennamen der Germanen (Niederdeutsche Studien 17), Köln/Wien 1970, S. 178.

124 Beispielsweise Iwein, vgl. Andreas Kraß: Der bastardierte Ritter. Zur Dekonstruktion

ist.[125] Die Antwort auf die Frage „Warum heißt unser Dietrich Wolf?"[126] vermutet Baecker in der nicht mehr rekonstruierbaren ursprünglichen Sage, die möglicherweise um einen „Outlaw" kreise und deren Überbleibsel das Wolfsabenteuer darstelle.[127] Von dieser Spekulation nimmt die aktuellere Forschung Abstand,[128] und spricht im Gegenteil nicht so sehr von der Ausgrenzung einer ursprünglich ausgedehnteren (Jugend-)Erzählung, sondern von einem bewusst inszenierten „identitären double bind"[129] und der „hybride[n] Konzeption des Helden".[130] Dies soll im Folgenden näher betrachtet und erläutert werden.

Die Strophen 95-113 thematisieren das bereits erwähnte Wolfsabenteuer,[131] welches seinen Anfang darin nimmt, dass Berchtung den Jungen, obwohl er mit der Ermordung des Säuglings beauftragt worden ist,[132] lieber im Wald an einer

höfischer Identität im *großen Wolfdietrich*, in: Wolfgang Harms, C. Stephen Jaeger und Horst Wenzel (Hrsg.): Ordnung und Unordnung in der Literatur des Mittelalters, Stuttgart 2003, S. 170.

125 Die Verbindung Wolf Dietrichs zum germanischen Tierkriegertum ist eher abwegig, denn verhandelt wird vielmehr das Thema Gewalt in der Feudalgesellschaft und in diesem Zusammenhang dient die Tier-Mensch-Beziehung als Stilisierung ihrer Ordnung, vgl. Friedrich, 2009, S. 321-324. Die Unähnlichkeit Wolf Dietrichs zu einem *ulfheðnar* oder *berserkr* stellt auch Bernd Kratz: Von Werwölfen, Glückshauben und Wolfdietrichs Taufhemd, in: Archiv für das Studium der neueren Sprachen und Literaturen Bd. 211 (1974), S. 18-30 heraus.

126 Linde Baecker: Die Grundlagen der Geschichte des Wolfdietrichstoffes. Teildruck aus: Die Sage von Wolfdietrich und das Gedicht Wolfdietrich A, Mainz 1961, S. 27.

127 Demnach müsse Wolf Dietrich eben dieser ‚Outlaw' gewesen sein (vgl. *Wulfes-heafod* für ‚Ächter' bei den Angelsachsen, *ulfr* und *vargr* im Altnordischen sowohl für ‚Wolf' als auch für ‚Verbrecher'), der als Waldgänger konzipiert worden ist – ähnlich wie Sigemund und Sinfjötli (Bärensohnmotiv). Im 12. und 13. Jh. habe man sich von diesem Konzept distanziert, dem zeitgenössischen Geschmack angepasst und den Beinamen Wolf, der ursprünglich andere Zwecke verfolgte, durch die Kindheitsabenteuer erklärt, vgl. Baecker, 1961, S. 27-39.

128 Lydia Miklautsch: Montierte Texte – Hybride Helden. Zur Poetik der Wolfdietrich-Dichtungen, in: Quellen und Forschungen zur Literatur- und Kulturgeschichte 36, Berlin 2005, S. 101.

129 Kraß, 2003, S. 171. Diesen erkennt er auch in Siegfried.

130 Miklautsch, 2005, S. 242.

131 In den Fassungen B und D wird der Junge als Bastard geboren, von einer Wölfin geraubt, aber dann von einem Jäger aus dem Bau geholt und erhält daraufhin seinen Namen. In C wird er ausgesetzt und – wie Romulus und Remus – zeitweise von einer Wölfin aufgenommen.

132 Die unkontrollierte und außergewöhnliche Kraft des Säuglings macht der Hofgesellschaft Angst, das Kind könne vom Teufel abstammen. Die Verbindung zwischen Wolf und Teufel bzw. Dämon ist seit der Antike verbreitet. Zur Beziehung zwischen Teufel und Wolf (im Mittelalter) siehe Manfred Lurker: Hund und Wolf in ihrer Beziehung zum Tode, in: Mircea Eliade, Ernst Jünger (Hrsg.): Antaios Bd. 10, Stuttgart 1969, 199-216.

Quelle aussetzt, statt ihn selbst zu töten. Berchtung geht schlechterdings davon aus, dass dieser die Nacht nicht überleben wird (vgl. Str. 96). Der ahnungslose, friedliche Knabe sitzt an Ort und Stelle, an der verschiedenste Tiere zum Trinken auftauchen (*zu dem brunnen liefen lewen, bern, wiltswein*[133]), ihm jedoch nichts anhaben. Es folgen die hungrigen Wölfe, die sich um das kleine Kind versammeln und ihre brennenden Augen auf es richten, welche der Knabe sogleich mit seinem Griff unschädlich macht (vgl. Str. 103).[134] Ganz furchtlos bewegt sich das Kind auf die Raubtiere zu und alles, *wes er mit ine begunde, das muosten si im vertragen*[135]; andernfalls zögert der Junge auch nicht, die Wölfe zu schlagen. Da die (nächtliche) Begegnung mit einem Wolf grundsätzlich gefährlich ist und darüber hinaus auch als „Bild für die Dämonie des Todesgeschehens“[136] gilt, der der Mensch hilflos gegenübersteht, ist die Reaktion des Jungen hier mehr als verwunderlich. Dieser kleine Dietrich hat offenbar eine außergewöhnlich starke Wirkung auf die Tiere, die von seinem süßlichen Körpergeruch unterstützt wird (vgl. Str. 101) und wieder auf seine Affinität zum Animalischen schließen lässt.[137] Die Wölfe kommen eigentlich *von grossen hungers note*[138] zu ihm gelaufen, da sie der süße Duft auf die Fährte bringt, doch sobald sie ankommen, verspüren sie ein unmittelbares Sättigungsgefühl, das sie ihren Tötungsinstinkt vergessen lässt und dafür sorgt, dass sie den Jungen nicht anrühren. Es muss auch eine Folge seiner Wirkung sein, dass die Wölfe trotzdem seine Nähe suchen bzw. in seiner Nähe bleiben,

---

133 Str. 99,3: „Zur Quelle liefen Löwen, Bären, Wildschweine“.

134 Der Wolfsblick ist seit der Antike mit Mythen verknüpft und für den Menschen gefährlich. So erklärt z.B, Plinius in seiner *Naturalis historia*, dass der von einem Wolf Erblickte seine Stimme verliert, was später Thomas von Aquin als Vertrocknung oder Erstarrung des Menschen durch die Sehstrahlen des Wolfs uminterpretiert. Umgekehrt kann der Mensch durch seinen Blick, laut Ambrosius von Mailand und Isidor von Sevilla, den Wolf bannen, vgl. Christian Hünemörder: [Art.] Wolf, in: LexMa, Bd. 9 (2002), Sp. 302f.

135 Str. 104,1: „Was er mit ihnen anstellte, mussten sie ihm nachsehen“.

136 Lurker, 1969, S. 213.

137 Der süße Geruch eines Tieres, der andere Tiere und Menschen anlockt, ist von dem Panther aus dem Physiologus bekannt. Hier wird dieses als äußerst friedfertig beschriebene Tier in christlicher Persepektive mit Gott gleichgesetzt, da auch Christi Wohlgeruch nach seiner Auferstehung allen Menschen Frieden bringt, vgl. u.a. Ursula Treu: Physiologus. Naturkunde in frühchristlicher Deutung, Berlin 1981; George P. Krapp, Elliot Van Kirk (Hrsg.): The Old English Physiologus. The Exeter Book, New York 1936.

138 Str. 101,2:„von großem Hunger getrieben“.

denn ohne Hunger ist es für Wölfe äußerst untypisch, sich Menschen zu nähern.[139] Sie scheinen ihn in ihrer Mitte als ihresgleichen zu akzeptieren. Dieses ungewöhnliche, unnatürliche Verhalten der Wölfe gegenüber Menschen und des Knaben gegenüber gefährlichen Raubtieren sticht auch Berchtung sofort ins Auge, der die wundersame Szene versteckt beobachtet, und dem Jungen daraufhin zusammen mit der zweiten Lebenschance auch den Namen Wolf Herr Dietrich gibt (vgl. Str. 113). Dabei rührt die Namensgebung hier wie üblich aus der Nähe zum Tier, doch stehen – anders als bei Beowulf und ähnlichen „Wolfskriegern"[140] – der Friede und die Herrschaft im Vordergrund (vgl. Str. 106). Wolf Dietrich wird als „Herr der Wölfe" benannt, weil er die wilden Wölfe durch seinen Geruch und seine offensive Art besänftigt bzw. gezähmt und sich dadurch selbst gerettet hat.[141]

Einige Zeit verbringt Wolf Dietrich darauf hin in der Obhut eines Jägers und seiner Frau, denn seine Familie glaubt an den Tod des Jungen. Berchtung wird derweil am Hof dafür angeklagt, doch dank seiner schriftlichen Stellungnahme vor Gericht kann der König seine eigene Schuld an den Umständen erkennen und die Anklage wird fallen gelassen. Dann endlich kehrt der Knabe nach Jahren mit folgenden wertschätzenden Worten Berchtungs aus der Wildnis zurück zu seiner Familie:

„[...] ‚nu secht wo er dort geet,
der lengist und der grössist, der under in allen steet!'"[142]

Berchtung geht auch näher auf Wolf Dietrichs Zeit bei der Familie des Jägers ein, in der sich der Knabe häufig gerauft haben soll und voll Zorn in den Wald geflohen sei. Sogar die Frau des Jägers habe sich vor ihm versteckt (vgl. Str.

139 Vgl. Gottfried Schramm: Zweigliedrige Personennamen der Germanen. Ein Bildtyp als gebrochener Widerschein früher Heldenlieder, in: Ergänzungsbände zum Reallexikon der Germanischen Altertumskunde, Bd. 82, Berlin/Boston 2013, S. 67.

140 Diese erhielten, wie das Beispiel Beowulf zeigt, ihre Namen aufgrund ihres Mutes, ihrer Kraft oder ihrer Erscheinung in Anlehnung an das namensgebende Tier.

141 Die Herrschaft über die Tiere ist beispielsweise bei Achill im *Trojanerkrieg* Konrads von Würzburg nicht theologisch, sondern als gewaltsame Erziehungsmaßnahme zu verstehen, vgl. Friedrich, 2009, S. 265f. Im *Wolf Dietrich* wird das Wolfsabenteuer hingegen sogleich durch Berchtung in einen theologischen Kontext gesetzt.

142 Str. 233,3f.: „Nun seht, wo er dort geht:/Der Größte und der Kräftigste da unter allen!'"

234-236). Mit aller Deutlichkeit kommt Wolf Dietrichs Wildheit zum Ausdruck, die er wieder mit an den Hof bringt. Sie ist seine ganz persönliche Eigenschaft, die ihn von anderen unterscheidet.[143] Die immense Kraft und sein Übermut schließen nahtlos an Wolf Dietrichs Betragen vor dem Wildnisaufenthalt an,[144] was sich beispielsweise darin äußert, dass das Kind seinen Vater heftig tritt (vgl. Str. 237) und als *so frävel und auch müelich*[145] beschrieben wird. Das Wölfische bleibt ein Teil von ihm, auch wenn die menschliche Erziehung ihn zähmen kann. Zu Tieren pflegt Wolf Dietrich auch nach seinem Wolfsabenteuer ein vertrauensvolles Verhältnis. Sei es wenn er seinem Pferd den Sattel trägt oder das Pferd ihm das Leben rettet und er – ganz heroisch – an der Seite des Löwen mit dem Löwen auf seinem Schild gegen den Drachen kämpft.

III.1.4 Zusammenfassung

Auf dieser Ebene zeigt Beowulf durch das proportional zu den drei Kämpfen steigende Rüstungsausmaß, wie kontrastiv zu seinen Gegnern die eigene Grenze zwischen „monströs-animalisch“ und „menschlich“ verstärkt wird. Anfangs noch innerlich wie äußerlich eine Art Berserker, entwickelt er sich rein äußerlich in den Kämpfen zu einem Krieger mit immer mehr technischen Rüstungselementen. Je monströser die Kampfgegner werden, desto deutlicher grenzt sich Beowulf von ihnen durch seine äußere Hülle körperlich ab, doch die innere Starrheit in Form der Kampfeswut scheint ihn letzten Endes sein Leben zu kosten. Für seine Person ist außerdem bezeichnend, dass sein Name ein rein animalisches Kompositum ist und keinen menschlichen Bestandteil enthält. Die Bezeichnung „Bär“ teilt er mit anderen Helden des *heroic age*, was dementsprechend als Mitbringsel aus selbiger zu betrachten ist. Das Animalische an Beowulf ist seine Verankerung in der *heroic age*. Doch auch ein künstlich-technisches Element stammt aus alten Sagen: seine von Wieland gefertigte Rüstung. Beowulfs äußerliche Wandlungsfähigkeit wird daher vor allem in den

143 Er hat nicht nur durch seinen Namen einen Sonderstatus unter den Dietrichen, sondern ist auch der Besondere, *der under in allen steet* (Str. 233,4).

144 Er hatte bereits als Säugling die Kraft, Hunde gegen die Wand zu schleudern (vgl. Str. 38).

145 Str. 253,1: „[…] so frech und anstrengend“.

drei Kämpfen sichtbar, da er mal nackt, mal voll gerüstet gegen die Monster antritt und dabei einerseits klassisch animalisch auftritt, andererseits als König gegen den Drachen kämpft. Er passt sich seiner Rolle und seinen Gegnern – im Rüstungsausmaß – an. Gerade durch seine Menschlichkeit, die sich beim Herrscher Beowulf im Innern als Demut und Fürsorge manifestiert, wendet er sich in seinem letzten Kampf von alten animalisch anmutenden Helden ab und erweist sich als andersartig, doch besitzt er zugleich immer noch wesentliche Verbindungen zu ihnen. Obwohl ihm der Übergang von seinem Leben als animalischer Heros zum Herrscher vortrefflich gelingt und er die Rolle des Königs gut ausfüllt, überkommen ihn die alten Züge eines animalischen Kämpfers aber erneut, als er sich auf den Drachenkampf vorbereitet. Das alte Muster aus längst vergangenen Tagen ist aber in seiner jetzigen Rolle als König nicht mehr umsetzbar und er scheitert. Natürlich muss er sich im Kampf gegen einen Drachen besser schützen als gegen die menschenähnlichen Monster, die er in Dänemark besiegt hat, aber die harte Schale demonstriert auch seine Inflexibilität und zeigt mögliche Starrheit. Die Integration der alten animalischen Kriegerrolle in seinen neuen Status als König kann (nach so vielen Jahren) nicht stattfinden und trägt zu dem tödlichen Ausgang für Beowulf bei. Beides existiert in ihm, doch eine erfolgreiche Verbindung misslingt.[146]

Siegfried ist dagegen multifunktional angelegt, findet aber keinen geeigneten Kanal, der seine animalischen und menschlichen Züge sinnvoll bündelt und richtig lenkt. In seinem Fall kann von einem vermischten Ineinander statt separierten Nebeneinander gesprochen werden, das ebenso wenig gewinnbringend für den Helden ist wie Beowulfs Rollentrennung. Beiden Protagonisten gemein ist ihr Übermut (mhd. *hoher muot*, ae. *ofermōd*). Der Drachentöter Siegfried ist durch sein Drachenblutbad gleichsam zu einem Drachen mit Hornhaut geworden und hat, auch wenn er das Blut nicht wie Sigurd verzehrt, die dämonischen Eigenschaften des Drachen verinnerlicht, wobei er ihnen gleichzeitig mit der anschmiegsamen Drachenhaut an seinem Körper eine menschliche Kontur verleiht. Hierin unterscheidet er sich von Beowulf, der seinen animalischen Kern peu à peu nach außen durch die Rüstung

146 Die Frage nach inkompatiblen Identitäten und die Ungereimtheiten in der Beowulf-Figur wirft auch Gwara auf (Gwara, Scott: Heroic Identity in the World of Beowulf (Medieval and Renaissance Authors and Texts 2), Leiden 2009.).

abschottet. Das Verhängnis der ständigen Grenzüberschreitung Siegfrieds wird dann auch im Wald ganz deutlich: Durch seine Fellbekleidung wird der Jäger zum „Jagdwild“ und seine wilde Natur geht dort mit ihm durch, sodass er sich leicht zum Wettlauf verleiten lässt. Er wird sterben, weil seine Drachenhaut durch das Lindenblatt eine Stelle ausspart, an der das menschliche Fleisch verwundbar bleibt. Ihm fehlt der künstlich-technische Schutz, der bei den anderen Helden eine exponierte Rolle einnimmt.

Wolf Dietrich ist in seiner Kindheit einem Wolfsrudel ausgesetzt, überlebt und trägt seither auch den Namen „Wolf Herr Dietrich“, was ihn neben seinem eigenen Wolfsein auch zum Herrn über die Wölfe macht. Dies spiegelt sich auch in seinem theriophoren Namen wider, der die menschliche und die animalische Komponente vereint. In Wolf Dietrichs Fall ist die Zähmung durch Menschen, genauer gesagt die Erziehung durch Berchtung, möglich, doch das Wölfische bleibt – zumindest im charakterstiftenden Namen – erhalten und lässt ihn zeitlebens nicht mehr los. Die animalische Wildheit ist von Anfang an zusammen mit der Herrscherfunktion in Wolf Dietrich angelegt, was nicht nur der Verwendung beider Namen – *Wolf* Dietrich und Wolf *Herr* Dietrich –, sondern auch der Welt des Helden idealerweise entspricht, da sein Leben mehr als eine Aneinanderreihung von pausenlosen Kämpfen darstellt und er sich auch in sein soziales Umfeld eingliedern muss. Er nimmt im Optimalfall die Rolle als „Krieger und Friedenswahrer“[147] ein und nutzt im Kampf weder sein menschliches noch sein animalisches Element als exklusive Schutzhülle, sondern integriert im Vergleich zu den anderen Helden Animalisches und Menschliches, indem er das, was er ist – ein Wolf – auch zugleich als Mensch beherrscht.

---

147 Schramm, 2013, S. 86. Hier heißt es weiter: „Die Personennamen fassen also keine dramatischen Momente wie das Anstürmen oder Anspringen ins Auge, sondern eine Lebensform.“ In diesem Sinn ist auch Wolf Dietrichs Existenz mit animalischen und menschlichen Elementen zu verstehen.

III.2. Zur heroisch/höfischen (bzw. non-heroic) Ebene

Das sich und andere Beherrschen sowie das Oszillieren des Helden um die Begriffe *wild* und *zam* schließt unmittelbar an die heroisch/höfische Ebene an. Genauso sind die Rolle des Königs, die Beowulf im zweiten Teil des Epos einnimmt, und die Funktion des rauen Betragens Siegfrieds im Folgenden näher zu betrachten.

III.2.1 Beowulf

Der formale und erhabene Ton des Beowulf-Epos deutet darauf hin, dass die Adressaten bzw. das Auditorium – ob nun Mitglieder des angelsächsischen Kriegeradels oder Mönche – gebildet waren.[148] Wie bereits erörtert, wird Beowulf zwar als archaischer, aber auch als andersartiger Held inszeniert und befindet sich im ständigen Kontrast und Vergleich zu alten Heroen sowie frevelhaften Monstern und anderen Herrschern (insbesondere Hroðgar und Heremod).[149] Die Reibung geschieht dabei einerseits in drei offen ausgetragenen Kämpfen, andererseits vollzieht sie sich im Streitgespräch (Unferð) oder auch für den Leser in Anknüpfung an seine eigene Lebenswelt. In diesem Kapitel soll der Held in seinem Spannungsverhältnis zu heroischen Vergleichsgrößen und der Einbindung in die zeitgenössische (adelige) Welt näher betrachtet werden.

Beowulf, dessen glänzende Kriegerkarriere im ersten Teil des Epos erzählt wurde, wird im zweiten Teil als ausgezeichneter Herrscher beschrieben (*Hē gehēold tela fiftig wintra*[150]). Die Verse 2183-2189 lassen allerdings auch

148 Für einen Überblick der Forschungsmeinungen dazu siehe Robert E. Bjork, Anita Obermeier: Date, Provenance, Author, Audiences, in: Robert E. Bjork, John D. Niles (Hrsg.): A Beowulf Handbook, Exeter 1997, S. 13-34.

149 Die Bekanntheit dieser Vergleichsgrößen kann vorausgesetzt werden.

150 Vv. 2208f.: „Er regierte fünfzig Winter lang gut“. Eine weitere Stelle (V. 2390: *Þæt wæs god cyning.*- „Das war ein guter König.“) ist doppeldeutig lesbar, denn die Aussage kann in diesem Kontext auf Onela, den Schwedenkönig, oder Beowulf bezogen werden. In jedem Fall werden in diesem Zusammenhang positive Zustimmung und die Erwartung des Racheaktes an einen „guten König“ ausgedrückt, was Qualitätsmerkmal eines solchen darstellt, vgl. Jennifer Neville: Redeeming Beowulf. The Heroic Idiom as a Marker of Quality in Old English Poetry, in: Victor Millet (Hrsg.): Narration and Hero: Recounting the Deeds of Heroes in Literature and Art of the Early Medieval Period,

durchscheinen, dass Beowulfs Ansehen im Volk nicht immer das beste gewesen ist (*swyðe [wēn]don Þæt hē slēac wære, æðeling unfrom*[151]) und er sich Ruhm und Ehre erst erarbeiten musste[152] – selbst wenn Gott ihm immer wohlgesinnt zur Seite stand. Das Bemühen um seinen Ruhm bestätigt auch der Umstand, dass neben den christlichen Werten, die in die Figur des Kriegers und die gesamte Erzählung eingewoben sind, der Dichter keinesfalls auf eine typisch heroische Ausdrucksweise verzichtet.[153] Der Heros, den Friedrich in Anlehnung an Weber und von See als „Repräsentant[en] eines Kollektivs“[154] beschreibt, weist sich neben dieser ihm zugeschriebenen Funktion durch seine inkommensurable Exorbitanz aus, welche allerdings gleichzeitig auch seine Abgrenzung von eben diesem durchschnittlichen gesellschaftlichen Kollektiv markiert.[155] Trotzdem hat Beowulf weder in Heorot noch in seinem eigenen Land Probleme durch seine Außerordentlichkeit, auch wenn ihm manche Mitglieder der Gemeinschaft, wie die o.g. Verse berichten, anfänglich mit gewisser Skepsis gegenüberstehen. Dies mag sowohl seiner Anpassungsfähigkeit geschuldet sein als auch dem Umstand, dass er zugleich immer der Außenseiter bleibt.[156] Er vereint also heroische und nicht-heroische Fähigkeiten in sich: er ist der Andere, der das vermag, was den Übrigen versagt bleibt, aber er ist auch der das heroische Modell Hinterfragende, indem er traditionelle Muster meidet. Die Frage, die auf der animalisch/menschlichen

Berlin 2014, S. 61-63.

151 Vv. 2187f.: „Sie vermuteten stark, dass er [Beowulf] faul sei, ein schwächlicher Edeling“.

152 Haubrichs definiert Ehre als „intersubjektive[n] Konstitution einer Persönlichkeit“ und bezieht sich damit auf die wichtigen Bindungen, die der Protagonist aufbaut (Wolfgang Haubrichs: Ein Held für viele Zwecke. Dietrich von Bern und sein Widerpart in den Heldensagenzeugnissen des frühen Mittelalters, in: Ders., Ernst Hellgardt, Reiner Hildebrandt et.al. (Hrsg.): Theodisca. Beiträge zur althochdeutschen und altniederdeutschen Sprache und Literatur in der Kultur des frühen Mittelalters. Eine internationale Fachtagung in Schönmühl bei Penzberg vom 13. bis zum 16. März 1997 (Ergänzungsbände zum Reallexikon der germanischen Altertumskunde 22), Berlin 2000, S. 362).

153 Vgl. Neville, 2014, S. 63. In dieser Untersuchung wird herausgestellt, dass selbiges auch auf den ae. *Andreas, Judith* und *Genesis A* zutrifft.

154 Udo Friedrich: Held und Narrativ. Zur narrativen Funktion des Heros in der mittelalterlichen Literatur, in: Victor Millet (Hrsg.): Narration and Hero: Recounting the Deeds of Heroes in Literature and Art of the Early Medieval Period, Berlin 2014, S. 175.

155 Vgl. Anm. 20.

156 Teichert sieht Beowulf in Heorot als den Außenseiter schlechthin, vgl. Teichert, 2014, S. 164.; Millet betont die Konfliktvermeidungsstrategie Beowulfs und die Infragestellung eines Heroenmodells von innen heraus, vgl. Millet, 2008, S. 83.

Ebene bereits angeklungen ist, begleitet den Helden auch auf dieser Ebene: Wieso vermag Beowulf als König gegenüber dem Drachen seine bisherige heroische Überlegenheit und seine Fähigkeiten nicht nutzbar zu machen? Der Autor weckt im Leser die Erwartung, dass Beowulf genau wie Sigemund fähig ist, einen Drachen zu töten und den Hort – das Machtsymbol schlechthin – zu gewinnen (Vv. 874-915). Nachdem Beowulf jedoch die Schätze in der Grendelhöhle unangerührt gelassen hat, was atypisch für einen Helden ist, darf man wohl auch zukünftig das Unerwartete von Beowulf erwarten. Durch diesen Spiegel der Andersartigkeit macht der Autor, indem er ihn zerbricht, darauf aufmerksam, wie das Tradieren von (altbekannten) Erzählmustern, nämlich mit Hilfe der Erwartungshaltung, funktioniert.[157] Das Brechen mit diesen Traditionen inszeniert also etwas Neues und sichert dadurch die dauerhafte Aufmerksamkeit der Rezipienten, die gewisse Imaginationen mitbringen, aber immer wieder aus diesen herausgerissen werden. Auch die *Interlace Structure*, die er gebraucht, setzt hier an. Sie flickt die im Grunde recht kompakte Geschichte aus zahlreichen kleinen Fasern zusammen, die erst nach und nach ein (nicht immer stimmiges) Ganzes bilden. Mit Beowulf verhält es sich wie folgt:

> „The hero follows a code that exalts indomitable will and valour in the individual, but society requires a king who acts for the common good, not for his own glory."[158]

Einen solchen Helden verkörpert Beowulf, denn *him wæs geōmor sefa, wæfre ond wælfūs,*[159] als er zum Schutz seines Volkes als König in den Drachenkampf zieht, doch der typisch heroische Drang nach Ruhm begleitet ihn noch immer. Er ist trotz seines Alters mit „Leib und Seele", deren bevorstehende Trennung als Metapher für sein Ableben dienen wird (V. 2422f.: *sundur gedælan līf wið līce*[160]), bei der Sache. Möglicherweise liegt hier einer der Gründe vor, weshalb Beowulf der Sieg im Drachenkampf verwehrt ist: Stürbe er nicht, wäre sein

157 Vgl. Victor Millet: Deconstructing the Hero in Early Medieval Heroic Poetry, in: Ders. (Hrsg.): Narration and Hero: Recounting the Deeds of Heroes in Literature and Art of the Early Medieval Period, Berlin 2014, S. 235.

158 John Leyerle: Beowulf the Hero and the King, in: Medium Aevum 34, 1965, S. 89-102, hier: S. 89.

159 Vv. 2419f.: „Er hatte ein betrübtes Herz, ruhelos und bereit für den Tod, [...]".

160 Hier lassen sich auch religiöse Vorstellungen wiedererkennen.

Ruhm auch in letzter Instanz im Fokus der Erzählung und nicht der sich für das Wohl des Volkes aufopfernde König, dem die Ehre posthum erst erwiesen wird (vgl. Vv. 2821-2891: Rede Wiglafs; Vv. 3137-3182: Beowulfs Bestattung[161]).

An dieser Stelle bietet sich die genauere Betrachtung zweier durch den Dichter vorgegebenen Vergleichsgrößen für die Überlegungen zu Beowulf und dem Drachenkampf an: Sigemund (Vv. 875-900) und Heremod (Vv. 901-915). Ersterer („Siegeshand") ist aus der *Volsunga saga* als Vater Sigurds bekannt, zweiterer wird gewöhnlich als dänischer König interpretiert, zu dem es allerdings keine weiteren Quellen gibt.[162] Sigemund werden große Taten nachgesagt, u.a. ein siegreicher Drachenkampf,[163] den er im Alleingang ohne seinen treuen Kampfgefährten und Neffen Fitela ausgetragen hat. Der errungene Schatz und der Ruhm gehören daraufhin ihm allein, während der Drache in seiner eigenen Glut verendet. Ohne an dieser Stelle auf Beowulf einzugehen, beginnt nach dem Bericht über Sigemund in V. 901 die in mehrfacher Hinsicht gegenläufige Vorstellung Heremods. Dieser beschäftigte sich zu lange mit persönlichen Sorgen, enttäuschte die Hoffnungen seines Volkes, das er vor Übel schützen sollte, und wurde daher in die Verbannung geschickt.[164] In V. 914 taucht dann Beowulf als *mæg Higelāces*[165] auf, was zum einen auf seine genealogische Verbindung zum König aufmerksam macht,[166] zum anderen auch einen Hinweis darauf gibt, worum es bei dieser Wiedergabe geht: das Formen von Beowulfs zukünftiger Herrschergestalt im Kontrast und in Tradition zu anderen. Der Blick zurück auf den Anfang des gesamten Berichts impliziert ebenfalls, dass nun eine Umformung stattfindet, und gibt einen deutlichen Hinweis darauf, dass es sich bei der vergleichenden Vorstellung der Figuren um (literarisches) Wiedererzählen und Weiterentwickeln eines traditionellen Inhalts

161 Vgl. das Schiffsgrab von Sutton Hoo, Anm. 47.

162 Vgl. Anm. zu den entsprechenden Versen bei Jack, 2009.

163 Dieser ist in der altn. und mhd. Tradition seinem Sohn Sigurd/Siegfried zugeschrieben, gilt jedoch auch für Sigemund, vgl. Anm. zu Vv. 874b-97 bei Jack, 2009, S. 78; vgl. Anm. zu Vv. 875-900 bei Lehnert, 2004, S. 188.

164 In einem weiteren Exkurs, in dem sich diesmal Hroðgar auf Heremod zu sprechen kommt (Vv. 1709-1724), erfährt man von dessen gewalttätigem Herrschaftsstil (er tötet im Zorn seine Gefolgsleute) und seinem trostlosen Ende.

165 „Verwandter Hygelacs [Gautenkönig]".

166 Genealogie ist neben dem unhinterfragbaren Ursprung und der Partizipation am Heiligen einer der Eckpfeiler eines Mythos, vgl. Friedrich, 2014, S. 182; Müller-Funk, 2008, S. 84-143; dies zeigt einmal mehr die Vermischung vieler Elemente, die charakteristisch für das gesamte Epos ist.

handelt, in den Beowulf eingebettet werden soll:

„[…]. Hwīlum cyninges þegn,
guma, gilphlæden, gidda gemyndig,
sē ðe ealfela ealdgesegena
worn gemunde, word ōÞer fand
sōðe gebunden; secg eft ongan
sīð Bēowulfes snyttrum styrian,
ond on spēd wrecan spel gerāde,
wordum wrixlan.“[167]

Es liegt auf der Hand, was Beowulf und Sigemund gemeinsam haben: Sie sind tapfer und kämpfen gegen Drachen.[168] Mit Heremod einen Beowulf aber auch die Sorgen und das Scheitern. In dieser Dichotomie verkörpert Beowulf demnach einen „neuen“ Sigemund, der aber zugleich heroische Schwachstellen ähnlich der Heremods aufweist.[169] Was kristallisiert sich also im Einzelnen aus dem Vergleich mit Sigemund und Heremod für Beowulf heraus? Zuerst fällt in dem Bericht über Sigemund auf, dass dieser offenbar einen guten Vertrauten in seinem Neffen Fitela hat,[170] mit dem er stets im Stillen über Fehden und Feindschaften gesprochen hat, sodass es vor der Öffentlichkeit verborgen

167 Vv. 867-874: „Ein früherer Dienstmann des Königs, ein wortgewandter Mann, die vielen Geschichten in großer Menge erinnernd, fand neue wahrheitsgemäß verbundene Worte; der Mann begann wieder, Beowulfs Werke und Wirken nachzuerzählen, und mit Erfolg eine kunstvolle Geschichte darzulegen, mit wechselnden Worten.“
Bemerkenswert ist, dass nach diesen einleitenden Worten nicht die wörtliche Rede des Skopen folgt, sondern der *Beowulf*-Dichter selbst die Aufgabe übernimmt, die angekündigten *wordum wrixlan* zu formulieren. Seine indirekte Rede wird dieser Ankündigung gerecht und verflechtet Beowulf mit altbekannten Persönlichkeiten. Ebenso stellt sich der Dichter selbst in eine Tradition derer, die die Kunstfertigkeit der *alten mære* besitzen, interessant und abwechslungsreich zu dichten.

168 Die *Volsunga saga* berichtet auch von den Schattenseiten Sigemunds, die hier unerwähnt bleiben. Da wäre zum einen die inzestuöse Beziehung, zum anderen die Tatsache, dass er zusammen mit dem in dieser inzestuösen Beziehung gezeugten Sohn Sinfjötli von einem Ungeheuertöter zum Ungeheuer wird (Werwolf-Metamorphose) und dass beide schließlich aufgrund ihrer soziopathischen Lebensweise zu Outlaws und *vargar* erklärt werden, vgl. Teichert, 2014, S. 154f.

169 Die Konsequenz, dass Beowulf beides kombiniert, zieht auch Leyerle, 1965, S. 93.

170 Laut Teichert sind Sigemund und Sinfjötli sagenhistorisch identisch mit Sigemund und Fitela im *Beowulf,* vgl. Teichert, 2014, S. 162. Beide Paare eint das Verwandschaftsverhältnis und zugleich die langjährige, vertraute Beziehung und Kampferfahrung.

bleiben konnte (vgl. V. 879). Beowulf hingegen schart viele Gefährten um sich, aber von einem dauerhaft guten Vertrauten ist keine Rede.[171] Trotz des guten Vertrauten zog Sigemund aber allein in den Drachenkampf und ging siegreich aus ihm hervor. Beowulf hat keinen solchen, doch wenigstens einen ehrenhaften Verwandten (Wiglaf), der ihm erst in der Not zu Hilfe eilt (vgl. Vv. 2600f.).[172] Die Tatsache, dass ein Held allein in einen Drachenkampf zieht, um seinen Stolz nicht zu verletzen und den Anspruch auf alleinigen Ruhm nicht durch einen Begleiter zu schmälern, lässt sich im Falle Sigemunds nicht als Kriterium für das Scheitern des Helden festmachen, da er siegreich aus dem Kampf hervorgeht.[173] Vielmehr noch: Der alleinige Drachenkampf stellt die entscheidende Ausnahme von der Regel dar, denn zuvor hat er zahlreiche Kämpfe gemeinsam mit Fitela gekämpft. Es mag Beowulfs Stolz und Überheblichkeit aus jüngeren Tagen geschuldet sein, weil er bisher jeden Kampf konsequent allein und siegreich ausgetragen hat,[174] aber im Vergleich zu Sigemund schwingt hier die Tatsache mit, dass Beowulf es auch als König nie geschafft hat, Menschen an sich zu binden und ins Vertrauen zu ziehen.[175] Aus

171 Vgl. Vv. 207f.: Beowulf kommt mit 14 Männern in Dänemark an; Vv. 2596f.: keiner der Gefährten steht ihm im Drachenkampf bei; der Rede Wiglafs in den Vv. 2821-2891 ist zu entnehmen, dass zehn Kämpfer zu feige waren, um Beowulf zu Hilfe zu eilen.

172 Auffällig ist, dass auch Wiglaf die Sorge im Sinn hat, bevor er in die Schlacht zieht (das Gleiche hat auch Beowulf vor seinem Kampf durchlebt).

173 Er scheitert an anderen Umständen, die dem Hörer aber sicherlich bekannt gewesen sind, vgl. Anm. 168.

174 Vgl. Vv. 2518-2535: Beowulfs Aufforderung an seine Männer, ihn allein kämpfen zu lassen wie in den anderen Kämpfen.

175 Zehn der Gefährten Beowulfs (*h[a]ndgesteallan* V. 2596) entpuppen sich als Verräter (*trēowlogan* V. 2847), und weil gerade das Beowulf-Epos neben der angelsächsischen Gesetzgebung Hinweise auf die große Bedeutung von Gefolgschaft enthält (vgl. Gabriele von Olberg: [Art.] Gefolgschaft, in: LexMa Bd. 4 (2003), Sp. 1171f.), scheint genau hier ein wunder Punkt zu liegen. Haubrichs betont für das gesamte Frühmittelalter die Gleichberechtigung der Werte von Verwandtschaftsbindung und sozialer Bindung aus der Gefolgschaft heraus, die in der Literatur in Konflikt geraten, vgl. Haubrichs, 2000, S. 362. Dies lässt sich auch in der Figur des Beowulf feststellen. Nur Wiglaf, der hier erstmalig in Erscheinung tritt, fühlt sich – allein aufgrund des Verwandtschaftsverhältnisses (vgl. V. 2600f.) – verpflichtet, sich Beowulfs Wunsch, allein zu kämpfen, zu widersetzen und zu Hilfe zu eilen. Dieser kleine, aber feine Unterschied zwischen Beowulf und Sigemund in der Schaffung eines Vertrauten lässt, wenn man Beowulfs Ende im Blick hat, die Deutung zu, dass er als Einzelgänger scheitert, der sich lieber mit Monstern umgibt und mit ihnen in den Konflikt, als in vertrauensvollen Kontakt mit Menschen tritt, vgl. Vv. 2426-2509: Beowulfs Abschiedsrede vor dem Drachenkampf, in der er ganz klar und wiederholt auf das Rachemotiv eingeht; Vv. 499-606: Selbst den Schwimmwettkampf mit Breca bringt Beowulf der Erzählung zufolge nicht zu Ende, sondern kämpft mit größerer Vorliebe

diesem Blickwinkel ist vielleicht auch die o.g. Bemerkung über sein fehlendes Ansehen in früheren Tagen zu deuten.[176] Obgleich Beowulfs finaler Kampf eine Reminiszenz an Sigemunds darstellt, verweist der unterschiedliche Ausgang der Kämpfe bei aller Ähnlichkeit zwischen beiden auf ihre Differenzen hin. Dass Beowulf stirbt, ist also den Schwachstellen seiner heroischen Existenz geschuldet, die aber erst ihren dramatischen Lauf nehmen, als er bereits – und auch das unterscheidet ihn von Sigemund – König und im gehobenen Alter ist. Auf die steigenden Anforderungen und die eigene Verwicklung in den Rachekreislauf kann Beowulf außer durch seine Rüstung nicht adäquat reagieren.[177] In dem Spiegel, den Hroðgar ihm in seinem Sermon vorgehalten hat (vgl. Vv. 1700-1784), warnt er Beowulf vor der „tendency to unreflective confidence in his own strength, to impetuosity in acting, and to excessive concern for praise“[178] und gibt damit eine Vorausschau auf diese zukünftigen Schwierigkeiten: Er wird in die Übermütigkeit eines Heros zurückfallen.

Der sich in den Versen 901-915 unmittelbar anschließende Bericht über Heremods Abfall vom Heldentum skizziert ein Negativbeispiel eines Herrschers, dem im Vergleich mit Beowulf das Prinzip „good king“-„bad king“ zugrunde liegt.[179] Die *hreow on hreðre* (V. 2328) bei Beowulf entsprechen den *sorhwylmas*[180] Heremods (V. 904), nur mit dem Unterschied, dass Heremod sie nicht beiseite zu schieben vermag, sondern ihn diese *lemede tō lange.*[181] Auch Heremods Unbeliebtheit im Volk bildet einen Kontrast zu Beowulfs Ansehen unter den Menschen, da Beowulf nun Beliebtheit und Ansehen erlangt hat (vgl.

---

gegen Ungeheuer; im Drachenkampf selbst sind es auch Beowulfs menschliche „Accessoires“, die zuerst versagen: Sein Schwert ist ungenügend im Kampf und sein Schild verspricht ihm auch keinen Schutz (vgl. V. 2584 und 2680).
Die *Völsunga saga*, der Sigemund als die hier verwendete Vergleichsgröße entstammt, spricht genau diesen Aspekt des einzelgängerischen und a(nti)sozialen „Wolfs“ an (vgl. Anm. 168).

176 Er schafft es zwar, sich Hroðgar zum Freund zu machen, wie dieser betont (V. 1706), doch ist es eher als Dankbarkeit und Wertschätzung Beowulfs zu werten, denn als vertraute Beziehung unter Kriegsgefährten.

177 Auf die Inflexibilität Beowulfs, die er seit seinen jungen Jahren aufgrund seines „Erfolgskonzepts“ des alleinigen Kampfes gegen Monster nie hatte ändern müssen, geht Schultz-Balluff, 2008 ein.

178 Leyerle, 1965, S. 93.

179 Vgl. Raymond P. Tripp: Literary Essays on Language and Meaning in the Poem Called Beowulf: Beowulfiana Litteraria, Lewiston 1992, S. 146.

180 „anschwellende Sorgen“.

181 „lähmten (ihn) zu lang“.

V. 914).

Der Vergleich mit dem heroischen Drachenbezwinger Sigemund[182] einerseits und dem früheren Herrscher Heremod andererseits zeigt, dass sich das Integrationsproblem zwischen diesen beiden Rollen befindet, sich genau genommen in der Lücke befindet: Beowulf hat mit Beendigung der Kämpfe für die Dänen den Posten des (jungen) Heros verlassen und muss sich in seiner Heimat in Rolle des Königs einfügen, was ihm – laut Angabe – auch für fünfzig Jahre zur Zufriedenheit des Volkes gelingt. Er nimmt den bedeutendsten Platz der Gesellschaft ein und wird Teil (und somit *der* Repräsentant) des Kollektivs.[183] Doch sobald er dem Drachen gegenübertreten muss, wird erneut der Heros in ihm herausgefordert. Dieses Dilemma hatten die Helden des *heroic age*, die zum Vergleich herangezogen werden, nicht zu bewältigen. Im Unterschied zu Sigemund, der erst gegen den Drachen kämpft und dann König wird, fällt für Beowulf jetzt beides zusammen. Beowulf glaubt, auch dieser Situation als Einzelkämpfer gewachsen zu sein, weil er auf siegreiche Kämpfe in seinem Lebenslauf zurückblicken kann. Dabei bräuchte er jetzt neben der Fähigkeit, vom mittlerweile alteingesessenen König auf den „Heroen-Modus" zu wechseln, einen vertrauten – und jüngeren[184] – Unterstützer. Wiglaf könnte diese Unterstützung sein, weil er die nötigen Voraussetzungen erfüllt,[185] aber sein Einsatz im Drachenkampf wird, anstatt eine Hilfestellung für Beowulfs (Wieder-)Einfindung in die Rolle des Heros zu sein, zu einer Weitergabe von Beowulfs „Erbe" an Wiglaf, das die Rüstung symbolisch besiegelt (vgl. Vv. 2809-2812). Beowulfs Wiederaufnahme alter heroischer Muster und sein einzelgängerisches Auftreten lassen ihn letzten Endes scheitern; er erweckt förmlich das Tier in ihm zum Leben.[186] Wiglafs Einsatz kann dies nicht wettmachen, wohl aber das Schlimmste, den Verlust der Ehre, verhindern. Doch

182 Dieser wird wie Beowulf und die Monster mit dem Epitheton *aglæca* (V. 893) bezeichnet.

183 Vgl. Anm. 20.

184 Neben der Nennung der Regierungszeit von 50 Jahren fällt auch die Bemerkung, dass Beowulf mittlerweile *frōd* und *eald*, bejahrt und alt sei (V. 2209 und 2210), was auch auf seine Heroen-Rolle zutrifft.

185 Teichert formuliert: „[...] die Figur des Drachenkämpfertypus ist auf der Ebene der Erzählstruktur von vornherein darauf ausgelegt, von außerhalb der Mitte eines menschlichen Kollektivs zu kommen, weil einem ‚gewöhnlichen' Vertreter des Menschengeschlechts die physischen und psychischen Voraussetzungen für einen siegreichen Kampf gegen einen monströsen Drachen fehlen." (Teichert, 2014, S. 148.).

186 Vgl. Anm. 56.

dass Beowulf ein stabiles Bindungsgeflecht innerhalb seiner Gefolgschaft fehlte, zeigt sich an den zehn Deserteuren.[187]

Beowulf sticht auch unter den anderen Heroen heraus, weil er nicht wie sie einer Metamorphose unterzogen wird.[188] In der neuen Welt ist er in der Hauptsache König, nicht mehr Heros. Zwar weist er – wie der Drache – monströse Eigenschaften und immense Kraft auf, aber er ist in ebendiesen vielmehr die positive Spiegelung des (bösen, nicht teufelsgleichen) Drachen. Er rüstet sich mehr denn je für diesen letzten Kampf und versucht sich vor dem Drachen bestmöglich zu schützen. Das sah im Grendelkampf noch ganz anders aus. Von innen heraus hat Beowulf keine angemessenen Qualitäten entwickelt, die er dem feuerspeienden Untier entgegensetzen kann,[189] weshalb er König und damit Mensch bleibt, und ihn der Biss des Untiers tötet.[190] Beowulf kann trotz seines Alters noch so stark sein, doch als sich die beiden getrennten Rollen zu vermischen beginnen, ist sein Ende eingeleitet. Damit ist seiner Verkörperung eines germanischen Kriegerideals aber kein Abbruch getan, denn er hat durch seine Taten Heldenhaftigkeit bewiesen. Die Problematik manifestiert sich vielmehr darin, dass die Sphären voneinander getrennt bleiben, auch wenn sie im Drachenkampf überlagert werden. Gerade in der „Überschwemmung“, die das alte Heroenmuster erzeugt, wird deutlich, dass sie nicht aufeinander abgestimmt und angepasst sind. So ist auch das gesamte Epos von Verflechtungen und Überlagerungen gekennzeichnet. Weil es oft widersprüchlich ist, scheint es für unser „heutiges Gefühl oft nicht geglückt“[191] und das Ende des Epos zeigt, dass auch der Tod des Helden den „heroic fault“[192] nicht auflöst: Beowulf will sich in Anlehnung an seine ruhmreichen Zeiten nun auch allein am Drachen rächen und Ruhm ernten. Er zieht mit den typischen Handlungsimpulsen eines Heroen – Selbstmächtigkeit, Ungebundenheit,

---

187 Beowulfs offensichtliche Konflikte mit Menschen konstatiert auch Timo Rebschloe: Der Drache in der mittelalterlichen Literatur Europas, Heidelberg 2014, S. 165. Daraus resultiert, dass nur ein Drache einem Helden einen angemessenen Gegner darstellt.

188 Neben Sigmund und Sinfjötli sind u.a. besonders Sigurd/Siegfried und Thidrek/Dietrich zu nennen, die sich verwandeln können.

189 Vgl. Teichert, 2014, der Siegfrieds Drachenhaut, Dietrichs Giftatem, Thors Schlangenblick als weitere Beispiele für Metamorphosen anführt.

190 Die animalischen, übermenschlichen Fähigkeiten aus alten Tagen sind nun nicht mehr erfolgreich einsetzbar.

191 Lehnert, 2004, S. 6.

192 Leyerle, 1965, S. 102.

Unvernünftigkeit und Regelwidrigkeit[193] – in den Drachenkampf, doch in seinem Übermut setzt er sein Leben aufs Spiel. Er nimmt zwar dem Volk die Bedrohung durch den Drachen, aber durch seinen Tod auch die wichtigste Stütze, denn er befand sich in der Rolle des Königs und nicht in der des (ehemaligen) Heroen.[194] Dennoch bleiben Beowulf und der Drache Vertreter des *heroic age*, was sie einerseits eint, andererseits auch radikal unterscheidet. Beowulf, dem weder Menschen noch menschenähnliche Monster etwas anhaben können, „braucht" in Kontrast zu sich selbst die böse Kreatur, die über- und unmenschlich ist, um sterben zu können. Das muss er wohl – genauso wie der Drache –, weil sie beide in die neue Zeit nicht (mehr) hineinpassen.[195] Früher oder später muss Altes immer Neuem weichen, doch obwohl der Dichter diesem Axiom formal wie inhaltlich durch die bereits beschriebenen Innovationen gerecht wird, zeichnet er am Ende eine dunkle Zukunft für die neue Welt nach Beowulfs Tod, stellt somit die Frage nach den negativen Aspekten dieses Grundprinzips und gibt dem heroischen Tod einen bitteren Beigeschmack.

III.2.2 Siegfried

Die Schnittmenge der animalisch/menschlichen und der heroisch/höfischen Ebene hat sich bei Siegfried bereits deutlich angekündigt. Irgendwann zwischen seiner von höfischer Erziehung geprägten Jugend (vgl. Str. 19-22)[196] und seinem

193 Vgl. von See, 1978, S. 38. Selbiges trifft auch auf Wiglafs Einschreiten in den Drachenkampf zu, was ihn spätestens zu dem Zeitpunkt der Erzählung zu einem Helden macht.

194 Die Gesellschaft ist ohne funktionierenden König dem Verfall und den Gefahren, die durch seinen Wegfall entstehen, ausgeliefert, vgl. Leyerle, 1965, S. 99; das Epos zeichnet nach Beowulfs Tod düstere Aussichten für das Gautenreich (vgl. Vv. 2892-3027).

195 Vgl. Rebschloe, 2014, S. 166.

196 Das NL liefert zu Siegfrieds Jugend nur „höfische" Informationen, die nur einmal eine Interpretationslücke zulassen: *er versuochte vil der rîche durch ellenthaften muot* [„Er suchte viele Reiche in mutiger Neugier auf."] (Str. 19,2). Hagen greift diese Irritation des höfischen Bildes in dem Bericht über den wilden Teil von Siegfrieds Adoleszenz auf, vgl. Volker Mertens: Hagens Wissen – Siegfrieds Tod. Zu Hagens Erzählung von Jungsiegfrieds Abenteuern, in: Harald Haferland, Michael Mecklenburg (Hrsg.): Erzählungen in Erzählungen. Phänomene der Narration in Mittelalter und Früher Neuzeit, München 1996, S. 61.

Erscheinen am Wormser Hof, kämpft er gegen einen Drachen.[197] Dieses siegreiche Ereignis prägt ihn – wie bereits erläutert – auch körperlich. Simon formuliert wie folgt:

> „Durch den Kontakt mit dem Drachenblut wird Siegfrieds Körper in den unverwundbaren Körper des heroischen Drachentöters verwandelt."[198]

Darin manifestiert sich quasi unmissverständlich eine Neugeburt des Antagonisten zum Höfischen, nämlich des heroischen Körpers, der jedoch lückenhaft bleibt (vgl. das Lindenblatt oder das Rücken-Einreiben). Das Konzept seiner Unverwundbarkeit wird dann auch später infrage gestellt, als Siegfried plötzlich blutet.[199] Die Verletzung geschieht am Mund, also einer Körperöffnung, die offenbar nicht durch die Hornhaut bedeckt wird.[200] Diese Passage zeigt, dass nicht nur die Stelle am Rücken die heroische Unverwundbarkeit einschränkt, sondern auch der Körper selbst natürliche „Lücken" besitzt. Andernfalls könnten auch elementare Grundbedürfnisse nicht mehr befriedigt werden.[201] Trotz seiner immensen Stärke und des (animalischen) Schutzmechanismus ist es für Helden üblich, eine (oder mehrere) Schwachstellen zu besitzen (vgl. Achill).[202] Insofern entspringt Siegfried ganz

---

197 Nach Heinzle dient das Drachenkampfmotiv in vielen Mythen der symbolischen Entstehung einer neu geordneten Welt, vgl. Joachim Heinzle: Das Nibelungenlied. Eine Einführung, München/Zürich 1987, S. 22. Wolf hingegen betont für das Nibelungenlied, die Erwähnung des Drachenkampfes diene exklusiv der Erklärung für Siegfrieds Unverwundbarkeit, vgl. Alois Wolf: Heldensage und Epos. Zur Konstituierung einer mittelalterlichen volkssprachlichen Gattung im Spannungsfeld von Mündlichkeit und Schriftlichkeit, Tübingen 1995, S. 295.

198 Simon, 1998, S. 135.

199 Während der Werbung um Brünhild wird Siegfried, der sich unter der Tarnkappe befindet, verwundet (vgl. Str. 456). Ebenbauer, 2006, S. 81 hebt diesen verwunderlichen Umstand in Anbetracht des „komplexen Verteidigungs- und Schutzsystems" hervor, vgl. Anm. 108.

200 Dies ist wohl auch gewollt, denn würde der Mund überzogen sein, wäre er wohl auch zugleich dauerhaft verschlossen.

201 Ein solches Bedürfnis ist es, das Siegfried zum Wettlauf im Wald und zu Ort seiner Ermordung führt. Der Mund ist in der nordischen Sigurdtradition von entscheidender Bedeutung, da Sigurd das Drachenherz brät, sich daran verbrennt und den Finger in den Mund steckt, was ihm die Gabe für das Verstehen der Vogelsprache verleiht. Außerdem verzehrt er anschließend Herz und Blut. Seitter geht in seinen Ausführungen auf die Körperöffnungen und besonders auf den Bezug zur Sexualität ein, vgl. Seitter, 1987, S. 82ff.

202 Dean A. Miller: The Epic Hero, Baltimore/London 2000, S. 126 zieht Achill und seine

dem alten Heroentypus. Doch Wyss stellt mit Recht die Frage: „Warum tritt er [Siegfried] am Wormser Hof in der Rolle eines 'Recken', eines heimatlosen und landlosen Kriegers also, auf?“[203]

Die Antwort liegt möglicherweise in der Notwendigkeit von inadäquatem Handeln, das in dem übermäßigen Machtgefühl des Heros gründet.[204] Siegfried sind mit der höfischen Erziehung die Grundlagen eines Lebens am Hof vermittelt worden,[205] woraufhin er sich im Drachenkampf in einen heroischen „Haudegen“ – und in letzter Konsequenz auch in einen Drachen – verwandelt hat, und nun bei der Ankunft am Wormser Hof als eben dieser „Haudegen“ nicht zur gesitteten, höfischen Gesellschaft passt (vgl. Str. 105-110). Er geht aggressiv auf die Burgunden zu und fordert sie heraus. Das Hereinbrechen von außen ist eine Variante, die erzählerisch einen „heroischen Untergang“[206] einleitet. Siegfried versichert den Burgunden nach seiner Herausforderung zum Zweikampf[207] um Land und Besitz: *ich bin ein kunec rîche.*[208] Damit revidiert er nicht nur seinen Status als *recke* (Str. 107,1) und entpuppt sich als „mächtiger König“, sondern zeigt gerade in der Herausforderung zum Zweikampf ein typisch höfisches Verhalten.[209] Die Art und Weise der Herausforderung missfällt jedoch Gernot und seiner Gefolgschaft sehr, was aber nicht zu einem Blutbad,

---

Ferse als berühmtes Beispiel für die Schwachstelle eines Helden heran. Achill wurde als Kind im Totenfluss Styx gebadet und an der Ferse, an der ihn seine Mutter festhalten musste, entstand eine ungeschützte Lücke, weil das Wasser sie nicht erreichte.

203 Ulrich Wyss: Mittelalterliche Helden, in: Volker Gallé (Hrsg.): Siegfried. Schmied und Drachentöter (Nibelungeneditionen 1), Worms 2005, S. 62.

204 Gewisse Momente von Irrationalität sind einem Helden typischerweise internalisiert, vgl. Wyss, 2005, S. 63.

205 Im 12. Jh. setzt Hugo von St. Viktor schon voraus, dass die Erziehung die Seele und den Körper gleichermaßen formt, vgl. Klaus Oschema: Die ganze Person. Körper als Medium sozialer Authentizität im Mittelalter, in: Wolf G. Schmidt (Hrsg.): Körperbilder in Kunst und Wissenschaft, Würzburg 2014, S.183.

206 Haug, 2006, S.151. Neben der aggressiv-offensiven Variante, in der man auf das Andere zugeht, existiert noch die abwehrend-passive, in der der Held die Abwehrhaltung einnimmt, nachdem das Andere über ihn hereingebrochen ist.

207 In erzählenden Quellen ist der Zweikampf eine angemessene Option, die eigene Position im Herrschaftsgefüge darzustellen, zu verteidigen oder zu verbessern, vgl. Sarah Neumann: Der gerichtliche Zweikampf. Gottesurteil – Wettstreit – Ehrensache (Mittelalter-Forschungen, Bd. 31), Ostfildern 2010, S. 164.

208 Str. 116,3: „Ich bin ein mächtiger König, […].“ Die Machtstellung ist den Burgunden bereits aus dem Bericht Hagens bekannt, denn der Hort, den Siegfried erworben hat, ist das Macht- und Herrschaftssymbol schlechthin, vgl. Millet, 2008, S. 79.

209 Vgl. Jan-Dirk Müller: Das Nibelungenlied, Berlin 2002, S. 74.; vgl. Neumann, 2010, S. 164.

sondern zum Aufruf zur Mäßigung gegenüber Siegfried führt. Dies stellt gewissermaßen die „höfische Kontrafaktur“[210] der Burgunden zu Siegfrieds Provokation dar:

„Er sprach ze Ortwîne: lât iuwer zurnen stân.
Uns enhât der herre Sîvrit solches niht getân,
wir enmugenz noch wol scheiden mit züchten, deist mîn rât,
und haben in ze friuwende. daz uns noch lolicher stât.“[211]

Dieser Plan wird nicht aufgehen, denn Siegfried erweist sich später – allerdings nach seiner erfolgreichen Eingliederung – am Wormser Hof als Bedrohung für eben diesen. Siegfried setzt seine Kraft nur noch zur Durchsetzung eigener Absichten ein.[212] Er muss (erst wieder) lernen, sich den höfischen Anforderungen entsprechend zu verhalten,[213] ist aber dabei gezwungen, sein Inneres, seine Natur, zu verleugnen und zu vertuschen, was seine letzte und äußerste Hülle, die Tarnkappe,[214] unterstützen soll.[215] Während der Werbung um Brünhild spielt diese Kappe eine wichtige Rolle, um den Einsatz seiner

210 Haug, 1974, S. 41. und weiter: „[...] die höfische Form bewältigt den heroischen Ansatz, Siegfrieds Anspruch auf das Burgundenreich wird durch Gunthers Begrüßungsformel auf höherer Ebene zugleich akzeptiert und aufgehoben.“ (S. 42).

211 Str. 118: „Er sprach zu Ortwin: „Lasst Euren Zorn,/uns hat Herr Siegfried nichts getan,/das wir nicht auf höfische Art schlichten könnten, so rate ich,/und dann haben wir ihn zum Freund. Das steht uns besser an.“

212 Vgl. Lydia Miklautsch: Müde Männer-Mythen: Muster heroischer Männlichkeit in der Heldendichtung, in: Alfred Ebenbauer, Johannes Keller (Hrsg.): Das Nibelungenlied und die europäische Heldendichtung. 8. Pöchlarner Heldenliedgespräch (Philologica Germanica 26), Wien 2006, S. 254.

213 Vgl. Str. 127: Alle sind ihm wohlgesinnt; Str. 128: Siegfried ist der Beste bei den höfischen Spielen; Str. 129: Seine Gedanken gelten der Hohen Minne; Str. 133: Er ist über alle Maßen liebenswert. Dass „höfisches Benehmen“ als Summe von der Gesellschaft als positiv bewerteter Eigenschaft einhergeht, führt auch C. Stephen Jaeger: Die Entstehung höfischer Kultur. Vom höfischen Bischof zum höfischen Ritter (Philologische Studien und Quellen 167), Berlin 2001, S. 219 an.

214 Von ahd. *tarni* heimlich, vgl. Horst Wenzel: Ze hove und ze holze – offenlîch und tougen. Zur Darstellung und Deutung des Unhöfischen in der höfischen Epik und im Nibelungenlied, in: Gert Kaiser, Jan-Dirk Müller (Hrsg.): Höfische Literatur, Hofgesellschaft, höfische Lebensformen um 1200 (Studia humanoria 6), Düsseldorf 1986, S. 290.

215 Vgl. Dirk R. Glogau: Untersuchungen zur konstruktivistischen Mediävistik. Tiere und Pflanzen im „Tristan“ Gottfrieds von Straßburg und im „Nibelungenlied“, Essen 1993, S. 118.; ihm folgend: Kraft, 2009, S. 74. In mittelalterlichen Texten sind Psyche und Körper ununterscheidbar miteinander verbunden, vgl. Müller, 2007, S. 340. Daraus folgt, dass Siegfried Äußeres sowie Inneres gleichermaßen verhüllt.

übermenschlichen Kraft zu verheimlichen. Wo die isländische Königin ihre außergewöhnliche Stärke mit Stolz nach außen trägt, muss Siegfried seine tarnen:[216]„Siegfried [ist] nichts als eine nicht personal zuzuordnende Kraft“.[217] War er zu Beginn herausfordernd, passt er sich mit dem Gebrauch der Tarnkappe nun den Anforderungen an:[218] Die intrigante Hofgesellschaft lebt vom Betrug, den Siegfried nun mit unterstützt, denn er bewegt sich wie diese zwischen den diametralen Bezugsgrößen *heimlîch* und *offenlîche.*[219]

Mit seinen zahlreichen Fähigkeiten ist Siegfried ein idealer Held und potentiell perfekter Herrscher, doch in Heimlichkeit und Öffentlichkeit liegen sowohl Chancen als auch Gefahren für ihn und den Hof. Indem er aus dem unsichtbaren Hintergrund heraus agiert, entsteht die Gefahr der Unkontrollierbarkeit Siegfrieds, die wiederum für den Hof gefährlich ist. Zunächst nutzt Gunther dessen heimliche Hilfe bei der Brautwerbung, doch Siegfried selbst erliegt später der Doppelbödigkeit, die hinter der Dichotomie *heimlîch* und *offenlîche* lauert (vgl. Str. 844-852).[220] Deshalb wird schließlich „Jagd“ auf Siegfried gemacht: Der Streit der beiden Königinnen (beginnend in Str. 835) bringt das Verborgene ans Licht,[221] woraufhin der *fursten vonme Rîne*[222] (Siegfried) herbeigerufen wird, um sich öffentlich zu seiner Tat zu äußern. Als Siegfried von Kriemhilds verräterischem Geschwätz hört, kündigt er an, sie zu erzieherischen Zwecken zu verprügeln (vgl. Str. 855 und 859; in 891 bestätigt Kriemhild Hagen, dass Siegfried seine Drohung wahrgemacht hat), was ein grobes, geradezu antihöfisches Betragen Siegfrieds zeigt[223] und eine irrationale, inadäquate Reaktion zu der in den vorigen Jahren aufgebauten höfischen Welt,

---

216 Brünhilt enthält *brünne*, was die harte Schale und die Kraft der Frau verdeutlichen soll, vgl. Kraft, 2009, S. 73.

217 Müller, 2007, S. 233.

218 „Er [Siegfried] muss [...] sich der höfischen Welt, besser den höfischen Intrigen anpassen, [...].“, Kraft, 2009, S. 74. Hierin kündigt sich an, dass das „Gerüst“ dieser Gesellschaft brüchig ist.

219 Vgl. Wenzel, 1986, S. 278 und 289: Zu diesem Gegensatzpaar gehören semantisch die Verben *verhelen* und *verbergen*.

220 Vgl. Ebd., S. 298.

221 Während Gunther von Brünhild gefesselt an der Wand hängt, muss der getarnte Siegfried mit ihr ringen, um schließlich ihren Gürtel und den Ring zu bekommen. Daraufhin schläft er in ihrem Bett. Dieser Umstand tritt nun im Streitgespräch, in der Brünhild Beweise fordert, zutage. Zur Licht-Dunkel-Metaphorik im Zusammenspiel von Heimlichkeit und Öffentlichkeit vgl. Wenzel, 1986, S. 291f.

222 Str. 848,2: „Fürst vom Rhein“.

223 Vgl. Schulze, 2011, Komm. zu Str. 855, S. 770 sowie zu Str. 891, S.774.

in die er bislang fähig war, sich einzufügen, darstellt. Hier zeigt sich, dass das Begriffspaar unkontrolliert/kontrolliert weitgehend kongruent zu heroisch/höfisch, der Bezeichnung dieser Ebene, ist.[224] Das Heroische manifestiert sich – wie die Beispiele gezeigt haben – neben seiner drakonischen Existenz im groben, übermütigen Agieren, das im letzteren Fall sogar die höfische Damenwelt in zwei Lager spaltet (Str. 860,1: *Mit rede was gescheiden manic schœne wîp*). War er zuvor in seiner Zeit am Wormser Hof noch am Minnedienst interessiert und darin so aktiv wie erfolgreich (vgl. Str. 129), verhält er sich nun destruktiv, indem er Kriemhild züchtigt und seine eigene Rolle als Minneritter zerstört. Unmittelbar im Anschluss an diese Szene folgt der Beschluss von Siegfrieds Bestrafung durch Hagen. Wieder wird das Thema Erziehung ins Spiel gebracht, diesmal von Hagen, der fragt: „*Suln wir gouche ziehen?*“[225] und damit Siegfried meint. Sie wollen sich nicht zum Narren halten lassen, sondern streben Kontrolle an. In den folgenden Strophen versucht Hagen als alleiniger Befürworter des Mordplans den Umgang mit Siegfried zu verhandeln. Schließlich kann er König Gunther überzeugen, dass durch einen heimlichen Mord niemand sein Gesicht verlieren, er aber seine verdiente Rache bekommen würde (vgl. Str. 865-870). Die Vorstellung, dass der Held makellos, unverwundbar und durchweg großartig ist, gibt dem König jedoch in puncto Rache zu denken (*ouch ist sô grimme starc der wundernküene man*[226]). Diese Imagination wird sich aber auch (und gerade) durch Siegfrieds Ende nicht erweisen. Siegfried ist verwundbar, aber er stirbt nicht, weil er einem Kampf auf Leben und Tod nicht (mehr) gewachsen wäre, sondern aufgrund der Intrige, die von Hagen und Gunther – mit der unwissentlichen Unterstützung seiner eigenen Frau – geplant ist.[227] Kontrollierbarkeit, Planung und Beherrschung gehören in die höfische Welt, nicht in die heroische:

224 Ehrismann gebraucht diese Gegenüberstellung ebenfalls, vgl. Otfrid Ehrismann: Archaisches und Modernes im Nibelungenlied. Pathos und Abwehr, in: Achim Masser (Hrsg.): Hohenemser Studien zum Nibelungenlied, Dornbirn 1980, S. 165.

225 Str. 864,1: „Sollen wir uns einen Narren großziehen?“.

226 Str. 869,3: „Auch ist er so furchtbar stark, der unvorstellbar tapfere Mann“, was eine deutliche Bezugnahme auf den Helden „des alten Schlags“ ist. Siegfried wird mit seiner immensen Stärke auch deshalb zum Problem, weil er den König substituiert, vgl. Müller, 1998, S. 188. Zur Rollenproblematik des mittelalterlichen Königs siehe weiterführend: Sergio Bertelli: The King’s Body. Sacred Rituals of Power in Medieval and Early Modern Europe (translated by R. Burr Litchfield), State College 2003.

227 Dieser Umstand rettet seine Heldenhaftigkeit, weil er gewissermaßen in die Opferrolle gekleidet wird.

„Die heroische Konstellation übt zwar unerwartet doch noch ihren Zwang aus, aber aus dem selbstverständlichen, in sich logischen Mechanismus ist etwas Irrationales geworden.“[228]

Es scheint etwas Blitzlichtartiges an sich zu haben, das unerwartet und unkontrollierbar aufleuchtet. Das Heroische läuft der höfischen Welt jedoch zuwider und muss unterbunden bzw. entfernt werden. Kriemhild weiß:

„[...] *ob er niht wolde volgen sîner übermuot,*
sô wære im sicher der degen küene und guot.“[229]

Eines wird deutlich: die heldentypische Destruktivität liegt im Helden selbst und in den mit ihm konkurrierenden Männern.[230] Seine provokative Natur, die ihn – mit Unterbrechungen[231] – sein ganzes Heldenleben lang begleitet und die hier an ausgewählten Szenen betrachtet wurde, wird ihm zum Verhängnis. Hagen führt sie nie explizit als Begründung für den Mordplan an, doch bleibt sie das entscheidende, weil omnipräsente Indiz für das heroische Muster in einer höfischen Welt.[232] Als er sich dann – wohlgemerkt im Wald, nicht am Hof – nach höfischen Konventionen verhält, leitet er dadurch sein Ende ein (Str. 977,1: *Dô entgalt er sîne zühte*[233]).

---

228 Haug, 1974, S. 45f.

229 Str. 893,3f.: „Wenn er nicht seiner Überheblichkeit folgen würde,
so wäre der kühne und gute Held sicher.“

230 Vgl. Miklautsch, 2006, S. 244.

231 Der Erziehungsprozess kann die Schwächen des Helden überwinden, vgl. Gerd W. Weber: „Sem konungr skyldi“. Heldendichtung und Semiotik. Griechische und germanische heroische Ethik als kollektives Normensystem einer archaischen Kultur, in: Hermann Reichert, Günter Zimmermann (Hrsg.): Helden und Heldensage. Otto Gschwantler zum 60. Geburtstag (Philologica Germanica 11), Wien 1990, S. 480. In Siegfrieds Fall findet die Erziehung – nach seiner elterlichen Erziehung – in der Zeit am Wormser Hof statt, an den er sich anpasst. In einer immer wiederkehrenden Schleife verfällt er jedoch in alte Muster zurück.

232 Dazu auch Haug, 2006, S. 153, der konstatiert, dass Ungereimtheiten nicht als „Relikte einer unbewältigten Vorstufe“ zu verstehen sind, sondern um Erfahrungen und ein Muster, das auch in einer höfischen Welt offenkundig noch Gültigkeit besitzt, bewusst werden zu lassen. „Jedenfalls: das Muster verlangt, dass der Sieger am heroischen Übermut stirbt, der ihn zum Sieger gemacht hat.“ (Haug, 2006, S. 155). Passenderweise ist an dieser Stelle auch die Tatsache zu beachten, dass Siegfried das Böse (Drache) besiegt hat, selbst zu diesem wurde, und nun das Böse, Bedrohliche verkörpert.

233 „Da büßte er für seine höfische Erziehung [...]“.

III.2.3 Wolf Dietrich

Nachdem Wolf Dietrich eine Zeit in zügelloser Wildheit gelebt hat, weil ihn nicht einmal die zuständigen Erwachsenen in die Schranken weisen können, bricht er nach der Rückkehr aus seinem ersten Exil[234] ungebremst mit seiner Unzivilisiertheit in die höfische Welt seiner Familie ein.[235] Den Zugang zum Hof versperrt er sich aber sogleich selbst, indem er die liebevolle Begrüßungsgeste des Vaters gewaltsam zurückweist. Wüsste er, dass der König sein Vater ist und dass er die Schuld an seinem Aussatz trägt, so wäre diese Reaktion des Kindes nachvollziehbar, doch Wolf Dietrich ist unwissend. Folglich ist sein Tritt nicht als Wut auf den Vater zu bewerten, sondern als Vergegenwärtigung seines Aggressionspotentials und Entsprechung von Berchtungs Bericht über Wolf Dietrichs Verhalten während des Aufenthalts beim Jäger. Sogleich steht fest, dass der Junge erzogen werden muss. *Mit witzen*[236] betreut der König Berchtung mit dieser Aufgabe, denn er hat sich bereits im Umgang mit Wolf Dietrich bewiesen. Die Anfänge der Erziehung stellen aber auch ihn vor eine Herausforderung. So muss er den Knaben, der streit- und raufsüchtig durch die Burg streift, beispielsweise erst fesseln, bevor er ihn züchtigen kann. Diese Methode stellt sich als einzig nutzbringende heraus, da Wolf Dietrich die Versprechen seiner Besserung unter Schmerzen immer einhält (vgl. Str. 254). Es wird deutlich: Die Erziehung folgt keinen höfischen Idealen, denn der Text erwähnt auch keine höfischen Fertigkeiten,[237] die dadurch erzielt werden sollen. Allein die Eindämmung seiner Gewalttätigkeit durch Gegengewalt wird betont, denn seine Wildheit hat am Hof keinen Platz. Wolf Dietrichs Rolle und Stellung

---

234 Wolf Dietrichs Schicksal wird sich dahingehend wiederholen, wenn er sich mit Berchtung und dessen Söhnen nach einer erfolglosen Schlacht in Konstantinopel in den Wald zurückziehen muss und zum Getriebenen und Gejagten wird, vgl. Kraß, 2003, S. 170.

235 Der Jäger und seine Frau, die Wolf Dietrich aufgenommen haben, sind selbst dem Teufel wohlgesonnener als dem Jungen. Sie küssen Bertchung und freuen sich über alle Maßen, als er Wolf Dietrich wieder abholt (vgl. Str. 236).

236 Str. 241,3:„mit gewitzten Worten", „mit Verstand".

237 Dazu zählen u.a. körperliche Leistung und höfische Kunstfertigkeiten, vgl. Friedrich, 2009, S. 331. Auch Schneider betont als Entwicklungsziel „die heldenhaft beherrschte Männlichkeit altgermanischen Schlags [...], nicht die höfische *maze*" (Hermann Schneider: Wolfdietrich. 1. Heft. Der echte Teil des Wolfdietrich der Ambraser Handschrift (Wolfdietrich A), Halle (Saale) 1931, S. 18.).

sind ihm unbekannt, solange sein leiblicher Vater, der König, lebt. Erst als die Königin Berchtungs Burg Meran, wo Wolf Dietrich erzogen wird,[238] aufsucht, weil sie von den eigenen Söhnen vertrieben worden ist, erfährt Wolf Dietrich (schriftlich) von ihr, wer er ist, woher er kommt und dass Berchtung, wie er immer geglaubt hat, nicht sein leiblicher Vater ist. In diesem Moment der Erkenntnis seiner wahren Identität, vergisst er das Schwert, das er vor Wut zu dem Treffen mit der Königin, seiner leiblichen Mutter, genommen hat, und nimmt die Mühe und Gnade der Erziehung durch Berchtung wahr:

„[...] da suochte er Berchtungen, das schwert er ligen liess.
Da bot er seinem maister vil senlichen gruos,
er küsste im an die hende und naigt im auf den fuoss.“[239]

Diese Neuerung in Wolf Dietrichs Leben verhilft ihm zum letzten Schritt seiner Rehabilitierung,[240] denn die Züchtigung durch Berchtung gibt ihm zusammen mit der Offenbarung seiner wahren Herkunft die nötigen Voraussetzungen für seinen zukünftigen Weg (*Ich han vil recht erfraget, von wann ich bin bekomen; So bin auch ich gewachsen vil nach zu ainem starken man.*[241]). Gleichzeitig wird auch der Kampfgeist um sein rechtmäßiges Erbe geweckt, weshalb er sich trotz Berchtungs Warnung selbst zum Krieger ernennt (vgl. Str. 316,4). Wolf Dietrichs Gewaltpotential hat einen sinnvollen, höfischen Kanal gefunden. Er zieht jedoch nicht allein gegen seine Brüder, sondern gemeinsam mit Berchtungs sechzehn Söhnen, die dieser ihm als Dienstmannen unterstellt.[242] Fortan ist Wolf

238 Es gibt zahlreiche Belege für die adelige Erziehung an einem anderen Hof, vgl. Joachim Bumke: Höfische Kultur. Literatur und Gesellschaft im hohen Mittelalter, 10. Aufl., München 2002, S. 433f.

239 Str. 306,2-4: „Da suchte er Berchttung, das Schwert ließ er liegen./Dann bot er seinem Lehrmeister einen langersehnten Gruß:/Er küsste ihm die Hände und neigte sich zu seinen Füßen.“

240 Wolf Dietrich wird nun als „wohlerzogen“ bezeichnet (*mit züchten:* Str. 293,2 und311,1).

241 Str. 308,1: „Ich habe gründlich erkundet, woher ich gekommen bin.“; Str. 309,1: „Inzwischen bin ich doch erwachsen und eigentlich ein starker Mann.“.

242 Die ältere Forschung, die noch an dem Wolfskriegertum in der Wolfdietrichsage festhielt, wollte in den Dienstmannen die germanischen Stämme der Wölfinge, Ylfinge oder Glomman wiedererkennen und die Gruppe um Wolf Dietrich selbst als „Wölfinge“ sehen., wodurch auch die Anlehnung an die Dietrichepik verstärkt würde, denn im Hildebrandslied taucht der Name Wölfing in Verbindung mit Wolf Dietrich auf, vgl. Rudolph Much: Der germanische Osten in der Heldensage, in: ZfdA, Bd. 57 (1920), S. 154, 175; Kurt Abels: Germanische Überlieferung und Zeitgeschichte im Ambraser Wolf Dietrich (Wolf Dietrich A), Freiburg i. Br. 1965, S. 25f.

Dietrich der Dienstherr, der eine *triuwe*-Bindung zu seinen Dienstmannen unterhält. Jemandes Dienstmann[243] zu sein, beschreibt seit dem 12. Jahrhundert ein feudal strukturiertes Abhängigkeitsverhältnis und stellt in der Wolfdietrichepik „das eigentlich heldische Element“[244] dar, denn der Handlungsträger selbst ist als Dienstherr in den Kreis der Dienstmannen integriert, deren Treue stabilisierend wirkt.[245] Die Schlacht, die sie gemeinsam gegen Wolf Dietrichs usurpatorische Brüder schlagen, verlässt keines der gegnerischen Heere siegreich. Sechs der Dienstmannen Wolf Dietrichs sterben, was diesen in tiefe Trauer stürzt. Daraufhin sinnt er auf Rache, was die starke Bindung der Gemeinschaft unterstreicht.[246] Wolf Dietrich fragt Berchtung:

„ […] *‚solt ich nu deine kind*
ungerochen lassen, die bei mir erstorben sint,
wem liess ich meine gesellen und meine dienstman?‘“[247]

Diese Selbstreflexion Wolf Dietrichs zeugt sowohl von dem Verantwortungsbewusstsein eines Herrn als auch von der traditionellen Racheverpflichtung des Helden. Die Frage lautet also: Spricht hier Wolf Dietrich als Held oder als Herrscher von sich?[248] Eine Differenzierung zwischen diesen beiden „Körpern“ scheint unmöglich und ist auch im weiteren Verlauf der Handlung nicht angelegt, denn Wolf Dietrich integriert diese Doppelfunktion, indem er die übrigen gefangengenommenen Dienstmannen als heroischer Einzelkämpfer befreit[249] und seine selbstauferlegte Schuld am Tod der sechs

243 Vorläufer des Dienstmanns sind im 10./11. Jh. lat. *serviens, cliens, famulus, minister* und *miles*, vgl. Knut Schulz: [Art.] Dienstmann, in LexMa Bd. 3 (2003), Sp. 1004f.

244 Linde Baecker: Die Sage von Wolfdietrich und das Gedicht Wolfdietrich A, in: ZfdA 92 (1963), S. 46.

245 Vgl. Miklautsch, 2005, S. 197.

246 Wolf Dietrich geht sogar so weit, dass er Berchtung auffordert, Rache an ihm selbst für seine gefallenen Söhne vorzunehmen, da er als Dienstherr die Verantwortung für seine Dienstmannen trägt (vgl. Str. 364).

247 Str. 372,1-3: „'Sollte ich nun deine Kinder/ungerächt lassen, die hier an meiner Seite gestorben sind,/wem überließ ich da meine Gefährten und Dienstmannen?'“

248 Als er die schwere Last der Verantwortung für den Tod der Dienstmannen auf sich nimmt, tritt er als Wolf *Herr* Dietrich auf (Str. 366,4:,“[...] *allererst bin ich in sorgen' sprach Wolf herr Diettrich*“), wobei er ansonsten als Wolf Dietrich bezeichnet wird. Siehe dazu auch in der Textausgabe die Anm. zu Str. 272,2f., S. 660, die an dieser Stelle ebenfalls auf die „zwei Körper des Königs“ zu sprechen kommt.

249 Str. 439 bietet in A einen impliziten Hinweis auf deren Gefangenschaft, Fassungen B und D berichten von dieser explizit.

anderen Dienstmannen begleicht. Für dieses exilische Einzelabenteuer ist die Dienstmannenhandlung zusammen mit dem brüderlichen Zerwürfnis ein Grundstein und erfüllt somit auch eine erzähltechnische Funktion.[250] Wolf Dietrich hat nur wegen seiner *triuwe*-Bindung zu den Dienstmannen die Verpflichtung – und die Gelegenheit – sich als Held zu erweisen.[251] Er zieht aus, um bei König Ortnit Hilfe zu erbitten und gelangt so in die Wildnis, wo seine eigene Wildheit erneut zum Vorschein kommt, legt er peu à peu seine Ritterlichkeit ab, indem er die Rüstung des Vaters auszieht, zu Fuß geht und letztlich sogar den Sattel seines Pferdes trägt.[252] Aus diesem Tiefpunkt hilft ihm aber die Wilde Frau mit einer magischen Speisewurzel heraus, die sowohl Wolf Dietrich als auch dem Pferd neue Kraft verleiht. Sogleich erschlägt er in heroischer Haudegenmanier zwei Dutzend Räuber, denen ein Mädchen in der Wildnis zum Opfer gefallen ist (vgl. Str. 512).

Allen Fassungen ist der Drachenkampf gemein, der von Anfang an durch die Geschichte Ortnits im *Wolf Dietrich* angelegt ist, weshalb Wolf Dietrich bereits mit dem Attribut *wurms veind*[253] eingeführt wird. Im Drachenkampf selbst ist Wolf Dietrich durch seine Kleidung und Ortnits elbische Rüstung geschützt.[254] Außerdem kämpft er gegen das Untier zunächst Seite an Seite mit einem Löwen, der allerdings sein Leben lässt, sodass Wolf Dietrich dem Drachen ganz allein entgegentreten muss.[255] Dem Löwen gegenüber zeigt sich Wolf Dietrich deshalb hilfsbereit, weil er ihn als Wappentier auf seinem Schild trägt.[256] Dieser greift

250 Vgl. Miklautsch, 2005, S. 126. Berchtung fordert zum Rückzug in den Wald auf (Str. 375), wo die verschiedenen Abenteuer stattfinden werden.

251 Immer wieder wird die *sorge* Wolf Dietrichs betont, z.B. Str. 309, 396, 407, 410; siehe hierzu weiterführend: Walter Kofler: Aventiure und sorge. Anmerkungen zur Textstruktur von 'Ortnit' und 'Wolfdietrich' A, in: ZfdA, Bd. 138 (2009), S. 361-373.

252 Er dient seinem edlen Begleittier, das später dann wiederum für ihn eintritt, als es ihn vor dem Drachen warnt und an dieser Stelle den Adel repräsentiert, vgl. Friedrich, 2009, S. 335.

253 Str. 33,3: „Drachenfeind“.

254 Auf seine Kleidung ist auf der christlich/heidnischen Ebene noch näher einzugehen.

255 Das unterscheidet ihn von Ortnit, der nicht fähig war, allein gegen das Monstrum zu kämpfen, siehe dazu auch Millet, 2008, S. 395.

256 Die Anspielung auf Löwenritter Iwein ist mehr als deutlich, vgl. Kraft, 2009, S. 50. Wolf Dietrich hat sich zuvor selbst ein Wappentier erwählt, indem er gegen alle möglichen wilden Tiere kämpfte und das tapferste, das er besiegt hat, auf dem Schild tragen wollte (vgl. Str. 425). In langer Tradition spiegeln sich Herrscher und Löwe ineinander, weil die furchterregende, grausame, wilde und tapfere Natur des Löwen als die des Herrschers behauptet wird, vgl. Matthias Naumann: Der Löwe und die Löw/innen. Das sich wandelnde Auftreten eines Wappentieres kriegerischer Politik, in: Rainer Pöppinghege

Wolf Dietrich nicht an, denn zum einen hat er den Löwen seine Treue geschworen (vgl. Str. 426) und zum anderen drückt das Tragen eines Löwen im Wappen die eigene Herrscherlegitimation aus, weshalb der „Herr der Tiere“ in seinem menschlichen Gegenüber seinesgleichen erkenne.[257] Identifiziert sich Wolf Dietrich also mit einem Löwen, so drückt sich darin erneut sein *double bind* aus, indem er heroische Wildheit und Herrschaft bzw. Beherrschung integriert.[258] In Anlehnung daran kämpft er als „Löwenritter“ anstelle des Löwen, nachdem die Drachenjungen das Tier gefressen haben, weiter gegen den Drachen und nimmt so dessen Platz ein, den er auch siegreich verteidigen kann. Die Fassungen B und D[259] berichten ab hier ausführlicher als die Fassung k von einem dreifachen Drachenkampf: Der erste stellt eine Rachehandlung für Ortnit dar, der zweite[260] ist als heroische Einzeltat inszeniert und der dritte wird zu einem höfischen Schaukampf mit Publikum.[261] Hat Wolf Dietrichs Vorgänger Ortnit im Drachenkampf versagt, begründet der Sieg über den Drachen (und dessen Jungen) Wolf Dietrichs Heirat mit Ortnits Witwe Liebgart und damit die vollständige Integration in die höfische Welt:

> „Sein Aventiureweg als ellender ist damit beendet und er hat seine Befähigung zum Landesherrn öffentlich unter Beweis gestellt.“[262]

Im *Wolf Dietrich* spielt sich der Drachenkampf also hauptsächlich auf der heroisch/höfischen Ebene ab und zeigt Integration in Perfektion, da das auf gegenseitiger Treue aufgebaute Feudalwesen durch den Sieg über das Monster hergestellt und bestätigt wird. Die unmittelbare Verbindung und der Kontakt zum Löwen verstärken diese Lesart und halten das Kreisen um Wildheit und Zähmung bzw. Bezwingung aufrecht, das sich auf dieser Ebene abspielt. Das

---

(Hrsg.): Tiere im Krieg. Von der Antike bis zur Gegenwart, Paderborn 2009, S. 167.

257 Vgl. Naumann, 2009, S. 169.

258 „So ist der Konflikt von Herrschaftsanspruch und Herrschaftsentzug, von Erwählung und Verstoßung bereits in der Kindheitsgeschichte Wolfdietrichs vorprogrammiert.“ (Kraß, 2003, S. 170.).

259 A bricht unmittelbar zu Beginn des Drachenkampfes ab. Die Schlusspartie des *Wolf Dietrich* aus dem Dresdner Heldenbuch (k) berichtet neben dem Sieg Wolf Dietrichs noch von Zaubermächten, die er anschließend überwinden muss, bevor er sich als rechtmäßiger Bräutigam zum Hochzeitsfest erscheint.

260 Hier hat der Drache einen gefährlichen Feueratem.

261 Vgl. Miklautsch, 2005, S. 181-184.

262 Ebd., S. 186.

Wilde und Wölfische in Wolf Dietrich wird zu einem Konfliktfeld zwischen Herrschaftsanspruch (Zähmung) und Herrschaftsentzug (Wildnis/Wildheit) ausgeweitet, was sich auch in der erneuten Identitätskrise Wolf Dietrichs in der Wildnis zeigt,[263] aber am Ende von ihm allein überwunden wird. Dabei steigern sich die Drachenkämpfe, die ein typisches Element der Heldensagen sind, von der heroischen Motivation zu einem höfischen Spektakel und überführen Wolf Dietrich von der Wildnis an den Hof. Drachenbezwingung und Eheschließung folgen unmittelbar aufeinander, weshalb ein unwürdiger Drachentöter (Ortnit) die höfische Ordnung gefährdet und ein fähiger die Ordnung wahrt bzw. herstellt.[264]

Die (wilde) Natur ist für Wolf Dietrich seit seiner Geburt der zentrale Bezugspunkt und somit ist es nur konsequent, dass es die Wildnis ist, die ihn durch Überwindung in seiner Entwicklung voranbringt.[265]

III.2.4 Zusammenfassung

Als König der Gauten verkörpert Beowulf einen erfolgreichen Herrscher, jedoch kann ihn sein heroischer Instinkt nicht retten und so scheitert er am Ende, auch wenn er den Drachen besiegt. Seine Schwachstellen sind nicht die Probleme bei der Reintegration in eine Gesellschaft oder ähnliche Schwierigkeiten, die die beiden anderen Helden dieser Untersuchung aufweisen. In Beowulfs Fall liegen sie inwendig, da sie mit seinem Rollenwechsel konform gehen. Sie treten erst zu seiner Regierungszeit in Erscheinung. Als Heros sind Ruhm und Ehre erfolgreiche Motivationen, aber für einen König sind sie destruktiv. Obwohl er sich in den drei Kämpfen äußerlich wandelbar gezeigt hat und sich auch in Heorot zu benehmen weiß,[266] bleibt er, was das Kämpfen angeht, Einzelgänger und im Innern heroisch. Beowulf scheitert nicht am Hof, also dem äußeren

263 Er nimmt den Brief, den ihm seine Mutter gegeben hat, erneut zur Hand, um sich seine Herkunft und seine Stellung vor Augen zu führen, vgl. Str. 477.

264 Vgl. Rebschloe, 2014, S. 233.

265 Siehe dazu auch Friedrich, 2009, S. 262.

266 Millet spricht hierbei von Beowulfs un- bzw. antiheroischem Verhalten, da er Konflikte, denen andere Helden ausgesetzt sind, vermeidet, indem er sich von sich heraus situationsangemessen verhält, vgl. Millet, 2008, S. 82f.

Umfeld und in der Funktion des Königs, sondern an der Integration seiner beiden Funktionen, was auch die (zeitliche) Trennung von 50 Jahren unterstreicht. Im Vergleich zu anderen Heroen zeigt sich die Andersartigkeit Beowulfs auch auf dieser Ebene erneut: Anders als der schlechte Herrscher Heremod erweist sich Beowulf glücklicherweise als fähig, gravierende Fehler zu vermeiden, doch mit dem Drachenbezwinger kann Beowulf nicht (mehr?) mithalten und den Drachen besiegen, denn er kann nicht gleichzeitig beide Rollen vereinen. Er ist am Schluss – in voller Rüstung – ganz in der Rolle des Königs, nicht mehr allein des Heros, der er früher war. Dennoch wendet er alte heroische Muster und Motivationen im Drachenkampf an, die aber nicht erfolgreich sind. Zwar ist ein heldenhafter Tod durchaus ein wichtiges Charakteristikum für einen Heros, doch gilt dies nicht ohne Weiteres für einen König. Dieses Dilemma der Doppelfunktion hatten die angeführten Helden des *heroic age* nicht zu bewältigen, denn Heroen- und Herrscherrolle sind getrennt, wie auch das Beispiel Sigemund zeigt, der lange bevor er König wird, den Drachen besiegt hat. Obgleich der Tod durch den Kampf elementar zu seinem Heroentum gehört, muss er – genauso wie der Drache – aber auch deswegen sterben, weil er in die neue Zeit nicht mehr hineinpasst.

Bei Siegfried zeigt sich die Kombination aus körperlicher Kraft, die einen Vorzeithelden auszeichnet, und mentaler Stärke, die eine Tugend eines höfischen Helden ist, deutlich. Unterstrichen wird die außerordentliche körperliche Verfassung durch seine Drachen(horn)haut. Doch sie hat eine Schwachstelle, die ihm zum Verhängnis wird. Schreibt man also dem Heros der Vorzeit in erster Linie Unverwundbarkeit und übermenschliche Kraft zu, so wird spätestens zur Zeit der schriftlichen Fixierung auf Schwachstellen hingewiesen, die die höfischen Anforderungen zum Vorschein bringen und nicht allein die Äußerlichkeit ansprechen (vgl. Lücke in der Hornhaut). Siegfried befindet sich im immerwährenden Wechsel zwischen einem *degen* und *ritter edele*: Er weist zwar höfische Tugenden auf, doch weil er sich durch einen Wettkampf hinreißen lässt, gibt für den Beginn des Mordkomplotts sein heroischer Drang nach Anerkennung den Ausschlag. Den Todesstoß, auf den das ganze Szenario hinauslaufen soll, erleidet er dann, weil seine höfische Erziehung, die ausgerechnet zum falschen Zeitpunkt zum Vorschein kommt, im Wald fehl am Platz ist. Das Höfische trägt zu seinem Tod bei, obwohl es ein ihm anerzogenes und erwünschtes Verhalten ist, das er aber mit dem unzivilisiert-heroischen fälschlicherweise vermischt. Das legt die Vermutung nahe, dass – auch im Vergleich zu Beowulf – die Erfüllung nur einer der Rollen erfolgsversprechender gewesen wäre. Als Drache, der sich scheinbar wahllos höfischen Tugenden bedient, muss er in der höfischen Welt versagen.

Ähnlich verhält es sich mit Wolf Dietrichs Undiszipliniertheit und Affektivität, die ihm den Zugang zum Hof des Vaters verschließen. Es sind körperliche Züchtigung und Keuschheit, die ihm letztendlich die Eheschließung und einen neuen Königshof ermöglichen. Wie bei Siegfried sind Kontrolle und Beherrschung die höfischen Mittel zur Zähmung des Heros, die Wolf Dietrich in Gegensatz zu diesem im Verlaufe seiner Jugend anerkennt und in Gänze verinnerlicht. In einer sinnvollen Berufung (dem Kampf gegen die usurpatorischen Brüder) hat sein heroisches Gewaltpotential einen Kanal gefunden, der höfisch vertretbar und ehrenhaft ist. Dabei wird er auch in die Gemeinschaft der Dienstmannen integriert (*triuwe*), ohne dass er unkontrolliert in gegenläufige Muster zurückfällt: Das Verantwortungsgefühl für die Seinen kombiniert sich mit der (heroischen) Racheverpflichtung. Der Weg durch die Wildnis und die Prüfung, die ihm durch das Meerweib auferlegt wird, muss er als heroischer Einzelkämpfer bestehen, bevor er als edler Ritter mit Löwenwappen in den Drachenkampf ziehen und siegen kann. Wolf Dietrich integriert heroische Wildheit und höfische *zühte*, weshalb er seinen *aventiure*-Weg erfolgreich abschließen und in einen neuen Königshof eintreten kann.

III.3. Zur heidnisch/christlichen Ebene

Die dritte Ebene befasst sich mit den religiösen Aspekten, die zweifellos in der Kultur, welcher die schriftlich konzipierten Epen entstammen, eine wichtige Rolle spielen. Das Christentum hat sich durchgesetzt und Einfluss auf die Entstehung der Texte genommen. Die entstehenden Verwicklungen sind von Anfang an – also schon beim ersten und ältesten der drei Epen – nicht von der Hand zu weisen.

III.3.1 Beowulf

Im Lichte der parallelen Existenz sowohl heidnischer als auch christlicher Sphären verkörpert Beowulf diese gleichermaßen: Er ist mutig, kühn und pflichtbewusst, wenn er mit bloßen Händen gegen Grendel kämpft und sich dessen Mutter stellt, aber auch selbstlos, bescheiden und aufopferungsvoll, indem er vollen Einsatz für die Dänen zeigt und später für sein Volk in den Tod zieht. In diesem Sinne ist er ein Held mit Charakter und Persönlichkeit, der heidnische Tugenden und christliche Werte durchschimmern lässt. Das bereits gründlich untersuchte Feld der *pagan and christian elements* im *Beowulf*[267] wird für den Rahmen dieser Arbeit auf die wichtigsten Aspekte, die sich um den Protagonisten drehen, beschränkt. Es steht außer Frage, dass der Dichter in seinen *Beowulf* christliche Inhalte und den Glauben an den einen Gott einfließen lässt.[268] Nicht nur das Epos gewinnt durch die christliche Perspektivierung an

267 Um auch nur die Idee eines Überblicks über den unüberschaubaren Umfang der Forschungsliteratur zu diesem Themenkomplex zu bekommen, siehe z.B. Malcolm R. Godden, Michael Lapidge (Hrsg.): The Cambridge Companion to Old English Literature, Cambridge 1991; T. Hofstra, L. A. J. R. Houwen, A. A. MacDonald (Hrsg.): Pagans and Christians. The Interplay between Christian Latin and Tratitional Germanic Cultures in Early Medieval Europe. Proceedings of the Secons Germania Latina Conference held at the University of Groningen. May 1992 (Germania Latina II), Groningen 1995; oder eines der zahlreichen Handbücher zum *Beowulf*, z.B.: Edward B. Irving, jr.: Christian and Pagan Elements, in: Robert E. Bjork, John D. Niles (Hrsg.): A Beowulf Handbook, Exeter 1996, S. 175-192.

268 Hier sind u.a. die göttliche Schöpfung (Vv. 86-98), Grendels Abstammung von Kain (Vv.

Tiefe, sondern auch der Protagonist Beowulf wird dadurch gezeichnet, doch ob in Beowulfs Fall deshalb von einem Christen gesprochen werden kann, ist fraglich.[269] Ihm wurde in dem breiten Spektrum vom Abbild eines germanischen Teufels auf der einen bis hin zu einer angelsächsichen Version von Christus auf der anderen Seite alles angedichtet, doch welche Kriterien und Maßstäbe für die Zuordnung zu einem der beiden religiösen Lager festgesetzt worden sind, bleibe oft im Dunkeln, kritisiert Tripp.[270] Es verhält sich vielmehr so – wie bereits eingangs erwähnt –, dass beide Religionsformen auseinander hervor gehen und aneinander zu wachsen scheinen. Für die frühmittelalterliche Welt gilt diese Mischung insbesondere. Um einen besseren Überblick zu behalten, postuliert Tripp eine drei- statt zweigliedrige Begriffsdefinition: „pagan, early-Christian, and post-Christian, which is to say non-materialistic polytheism, non-materialistic monotheism, and materialistic humanism."[271] Zugrunde liegt die Annahme, dass die Unterscheidung heidnisch/christlich zugleich zwischen zwei verschiedenen Anschauungen bezüglich der menschlichen Fähigkeiten in der Welt und der Verbindung des Menschen zu dieser differenziert. Das Wissen, das im Christentum durch Einschränkung der menschlichen Kenntnisse auf pragmatisches Alltagswissen limitiert wird, sei dabei der Maßstab. Während „paganism" und „early-Christianity" das Wissen um spirituelle Wesen und Mächte, also über weltliche, materielle Dinge Hinausgehendes, mit einschließen und dafür prinzipiell offen sind, spalte die „post-Christianity" diese als ein Abstraktum ab.[272] Dämonen, Heilige, Gott oder Götter – für die *pagans* und die *early-Christians* der „Tripp`schen Dreifaltigkeit" sind diese konkret greifbar in der Wirklichkeit und keine rein übernatürlichen (oder gar pathologischen) Projektionen.[273] Die „post-Christianity" sieht sie – ganz humanistisch verstanden

---

106-110), Hroðgars homiletische Rede (Vv. 1700-1784), die Vorstellung vom Leben nach dem Tod (Vv. 2468f.) als Belege für die christlichen Wurzeln des Autors zu nennen.

269 Vgl. Margaret E. Goldsmith: The Christian Perspektive in Beowulf, in: Robert D. Fulk (Hrsg.): Interpretations of Beowulf: A Critical Anthology, Bloomington (Ind.) 1991, S. 109.

270 Vgl. Tripp, 1992, S. 22.

271 Ders., S. 25.

272 Ebd.

273 Ebd., S. 26. Für die Angelsachsen stellte der christliche (alttestamentliche) Gott einen *dryhten* (warlord) dar, dessen konkretes Eingreifen in ihre kriegerisch geprägte Welt eine logische Konsequenz seines Amtes als Kriegsherr darstellt. Die Synthese von bekannten Strukturen und neuen Elementen veranschaulicht *Franks Casket,* ein Runenkästchen, das angelsächsische, römische und christliche Traditionen abbildet, vgl. Richard Abels: What

– als vage, unerkennbar und transzendent an oder lehnt ihre Existenz ab.[274] Das Bewusstwerden der verschiedenen Entwicklungsstufen und Vorstellungen von Religiosität in der Geschichte soll davor schützen, in die Falle zu geraten, Beowulf entweder in die Schublade des „schlechten Heiden“ oder „guten Christen“ zu befördern. Vielmehr sollen die Dynamik der Zeit und die Frage nach ihrer Integration in Beowulf in den Blick genommen werden.

Genauso wenig wie *hæðen*, kommt die Erwähnung von Christus im Zusammenhang mit Beowulf vor,[275] doch er wird als Gesandter Gottes (Vv. 381f.) bezeichnet. Es ist der harte Harnisch zusammen mit Gott, der Beowulf im Kampf zum Sieg verhilft (*herenet hearde – ond hālig God*[276]). Äußerlich scheint also erst einmal alles drauf hinzuweisen, dass es sich bei dem im Beowulf-Epos vorliegenden Beowulf eher um einen Christenmenschen als um einen Heiden handelt, doch scheint es sinnvoll – ganz dem Beowulf-Epos entsprechend (vgl. Interlace Structure) – von der Außenansicht (Was) in die Innenansicht (Wie) zu wechseln. Wenn Gott überhaupt eine Rolle für den Helden spielt, dann taucht er im Hintergrund der Handlungen Beowulfs auf. Daher bietet sich hier – wie schon auf der animalisch/menschlichen Ebene – ein Blick auf den Handlungsverlauf an, für den Rache eine besondere Dynamik in Bezug auf den Helden und sein Handeln in Gang setzt. Sie stellt ein Phänomen dar, das Thema in christlichen wie heidnischen Kulturen und Gesellschaften ist.[277] Durch die christlichen Elemente, die der Autor dem Beowulf-Epos ganz offensichtlich einstreut, ist es legitim, Beowulfs Kampfhandlungen unter christlichen und heidnischen Aspekten zu betrachten.[278]

Has Weland to Do with Christ? Franks Casket and the Acculturation of Christianity in Early Anglo-Saxon England, in: Speculum, Bd. 84, 3 (2009), S. 568.

274 Das Unbegreifliche wird als Schwarze Magie abgetan und ganz verleugnet. Aberglaube darf aber nicht unmittelbar mit Heidentum gleichgesetzt werden, denn diesen gab und gibt es in allen Bereichen und Zeiten, vgl. C. E. Fell: Paganism in Beowulf: A Semantic Fairy-Tale, in: T. Hofstra, L. A. J. R. Houwen, A. A. MacDonald (Hrsg.): Pagans and Christians. The Interplay between Christian Latin ans Tratitional Germanic Cultures in Early Medieval Europe. Proceedings of the Secons Germania Latina Conference held at the University of Groningen. May 1992 (Germania Latina II), Groningen 1995, S. 33.

275 *Hæðen* (vgl. heathen) wird im gesamten Text nicht einmal mit Beowulf in Verbindung gebracht; vielmehr taucht es in Bezug auf Grendel (Vv. 852 und 986) und den Hort (Vv. 2216 und 2276) sowie als Kompositum *h[æ]rgtrafum* (V. 175) für den heidnischen Tempel im Götzendienstbericht auf. Christus wird nirgends genannt.

276 V. 1553: „der harte Harnisch – und der heilige Gott“.

277 Vgl. Fell, S. 15.

278 Die Verflechtung des heidnischen Glaubens mit dem biblischen Gott zeigt sich

Im Beowulf-Epos beginnt der Kreislauf der Rache mit den nächtlichen Angriffen auf die Halle Heorot und die Sippe des dänischen Herrschers Hroðgar.[279] Im ersten Teil des Epos stehen die heidnischen Elemente bei den Dänen sehr stark im Vordergrund (vgl. Vv. 175-181: Anbetung der Götter und das Misstrauen gegenüber dem Christengott; Vv. 201-204: Glaube an Vorzeichen für gute Reisebedingungen). Doch auch biblische Bezüge sind hervorgehoben: So fängt der Rachekreislauf im Beowulf zwar mit Grendels Angriffen an, viel früher aber (vgl. Vv. 106-115) beginnen Mord und Verrat in Genesis 4 durch Kain, von welchem Grendel und auch andere Monster abstammen. Die ursprüngliche Tat eines Einzelnen (Kain) ist so tief in der Menschheit verwurzelt, dass sich diese Tat auch noch Jahrhunderte später in der Welt rächt und durch dessen Nachkommen ein Teil von ihr ist. Hier zeigt sich erstmals ein wichtiger Aspekt von Rache: der Bezug zu Vergangenem, mit dem Beowulf in Konflikt gerät. Rache fordert zwangsläufig eine vorausgegangene Tat, auf die sie sich bezieht und die sich in der Gegenwart auswirkt. In Kains Fall ist es der Neid auf seinen Bruder Abel, der ihn zu seiner Tat motiviert. Grendels Motivation ist dem Text nicht sicher zu entnehmen, doch analog zu Kain liegt die Vermutung nah, dass auch er Neid auf das fröhliche Treiben in Heorot empfindet (Vv. 86-90).[280] Schon der Beginn des Beowulf-Epos verankert die gesamte Erzählung in der Vergangenheit, doch wie tritt nun Beowulf, der selbst aus einer heidnischen Umgebung kommt, in Kontakt mit dem „biblischen“[281] Unhold und dem christlichen Gott?

Grendel, der Spross aus Kains Geschlecht, treibt in Heorot sein Unwesen und ermordet mehrere von Hroðgars Männern. Hroðgar ist sich allerdings sicher,

---

beispielsweise deutlich in V. 696f., da hier beides gleichermaßen als Quelle des Mutes und der Kraft für den Kampf benannt wird, vgl. Lehnert, 2004, S. 187, Anm. zu V. 696b-697a.

279 Da in dieser Untersuchung der Held im Fokus steht, soll die Rache *exemplarisch* aufzeigen, wie beide Elemente für den Protagonisten und sein Handeln von Bedeutung sind.

280 Da Kain als Begründer der ersten Stadt, also dem organisierten menschlichen Zusammenleben, gilt, kommt es nicht von ungefähr, dass sein Nachkomme Grendel als Ausgeschlossener die große Halle Heorot hinterhältig angreift und das Zusammenleben zerstören will.

281 Obwohl Grendel zweimal als heidnischer Kämpfer charakterisiert wird, wird in ihm der biblische Bezug deutlich. Das Vergehen gegen die Menschen nimmt in Kain seinen Anfang, zieht sich durch die Geschichte und entfremdet dessen Nachkommen (offenbar auch phänotypisch) von einem gottgeschaffenen Menschen.

dass Gott den Übeltäter stoppen kann (V. 478).[282] Obwohl Beowulf von ihm als Gesandter Gottes verstanden wird, scheint sich Beowulf selbst auf *wyrd*, das Schicksal, zu verlassen (*Gæð ā wyrd swā hīo scel!*[283]). Doch der religiöse Hintergrund ist nicht sicher einzuordnen. Der nur in altenglischen Quellen überlieferte Begriff ist Krause zufolge wohl aber eher christlichen als heidnischen Ursprungs.[284] In dem ersten der insgesamt drei Kämpfe rächt Beowulf die Dänen und ihren Verlust, den Grendel sie erleiden ließ, mit Mord. Von Rache ist dabei nur mit Einschränkung zu sprechen, weil es gerade nicht der direkt Betroffene ist, der Rache übt, sondern Beowulf in Stellvertretung. Auch der Text weist an keiner Stelle explizit auf Rache hin. Die Verben *wrecan* und *forgyldan* kommen hier nicht vor.[285]

Beowulf bringt dieser Kampf vor allem Ehre und Anerkennung ein, welche zentrale Bestandteile im germanischen Wertekanon sind.[286] Dass ihm Ruhm und Ehre wichtig sind, zeigt auch sein Wunsch, ganz allein gegen Grendel antreten zu wollen. Der Mord an Grendel, der als ganz bewusst geplante Tat beschrieben und von Hroðgar wiederum als Wunder bezeichnet wird (Vv. 930-942),[287] stellt eine verteidigende Antwort auf vorausgegangenes Übel dar, das durch einen Einzelnen hervorgerufen wird. Das Wunderbare und Außerordentliche an Beowulf scheint nicht nur auf seine körperliche Stärke beschränkt zu sein, sondern wird erneut in eine Sphäre des Göttlichen ausgeweitet: Beowulf vollbrachte mit Gottes Hilfe eine Tat *ðe wē ealle ær ne meahton snyttrum besyrwan.*[288] Er scheint nach dem Beweis seiner Fähigkeiten nun endgültig in

282 Hier lassen sich eine der vielen Ungereimtheiten und widersprüchlichen Aussagen des Beowulf-Dichters feststellen: Zuvor hat er die heidnischen Riten und Gepflogenheiten in Heorot betont und schwingt nun ganz beiläufig um, wenn er von Hroðgars Gottesglauben berichtet. Ein Nebeneinander beider Glaubensvorstellungen scheint – wie bereits erläutert – Usus zu sein. Die inhärente Logik könnte sein, dass die Opfer und Anbetungen, von denen Vv. 175-181 berichten, offensichtlich keinen Nutzen bringen und daher die Konsequenz lauten muss, dass ein anderer Gott – von außen – zuhilfe eilen muss.

283 V. 455: „Wyrd, das Schicksal, geht stets seinen Lauf.“.

284 Vgl. Arnulf Krause: [Art.] Wyrd, in: Reclams Lexikon der germanischen Mythologie und Heldensage. Mit 64 Abbildungen (2010), S. 316.

285 Vgl. Anm. 60.

286 Es wäre außerdem eine Schande, die Tat ungerächt zu lassen. Siehe dazu: Wilhelm Grönbech: Kultur und Religion der Germanen, Leipzig 1996.

287 Ein Wunder vollbringen typischerweise Heilige, doch als solcher ist Beowulf nicht zu sehen. Denkbar ist allerdings, dass eine leise Idee dessen beim Leser mitschwang.

288 Vv. 941f.: „[...] die wir alle zuvor nicht vermochten, mit Weisheit zu ersinnen.“

ein Vorbild verwandelt zu werden,[289] insofern ist er spätestens jetzt ein in Heorot allgemein anerkannter Held.[290] Papahagi zufolge erfüllt Beowulf die gleiche archetypische Funktion wie ein Heiliger: den Sieg im Machtkampf des Lichtes gegen das Dunkel.[291] Die oben angeführten Überlegungen von Tripp ermahnen aber zu Recht zur Vorsicht bei einer Einordnung in das christliche Heiligenverständnis. Dieses scheint für Beowulf irreführend zu sein.

Im zweiten Kampf bittet Hroðgar Beowulf um erneute Hilfe. Er soll auch mit Grendels Mutter den Kampf aufnehmen (Vv. 1376ff.) und bietet ihm Geld zur Belohnung. Die erneute Verteidigung rückt wieder in den Fokus. Hier bestätigt sich, dass Beowulf von Hroðgar als sein Stellvertreter betrachtet wird, denn Grendels Mutter hat nicht Beowulf persönlich Leid zugefügt, sondern Hroðgar, indem sie zur Strafe für den Mord an ihrem Sohn einen der Männer getötet hat. Beowulf spielt auch im zweiten Kampf wieder die zwischen Täter und Opfer geschaltete Instanz als Rächer.[292] Auch wenn sich dieser Kampf als bedeutend schwieriger als jener mit Grendel erweist, gelingt Beowulf der Sieg und somit die Rache. Abschließend schlägt Beowulf dem toten Grendel auch noch den Kopf ab. Hier zeigt sich der extreme Zorn, von welchem die Rache (sei es in

---

289 Hroðgar betont in seiner Rede auch immer den Vergleich zu den vorherigen Bemühungen seiner Männer, was die Vorstellung eines Vorbilds in Beowulf unterstreicht.

290 Siehe dazu G. C. Britton: Unferth, Grendel and the Christian Meaning of 'Beowulf', in: Neuphilologische Mitteilungen 72, 1971, S. 246-250. Den Zweifel an Beowulfs Heldenhaftigkeit versucht Unferð zu sähen, indem er in der Schwimmwettkampf-Episode (Vv. 499-606) Beowulfs Niederlage gegen Breca hervorhebt. Beowulf betont daraufhin seinen Sieg gegen die Meeresungeheuer, was ihm wichtiger zu sein scheint als das Kräftemessen mit einem Menschen, denn er berichtet nicht davon, dass er dieses nach den Kämpfen beendet hat.

291 Vgl. Adrian Papahagi: The Anglo-Saxon Hero: angel or Demon? A reading of Beowulf, in: Leo Martin Carruthers (Hrsg.): Anges et démons dans la littérature anglaise du Moyen-Age, Paris 2002, S. 83. Zur Lichtmetaphorik im Beowulf siehe auch Robert L. Milgrom: Light Against Dark: The Presentation of Heroic Life in Four Medieval English Alliterative Poems: „Beowulf", „Maldon", „Morte Arthure", and „Gawain and the Green Knight", New York 1979.

292 Die Stellvertretungsfunktion Beowulfs erinnert den christlich sozialisierten Leser an Christus und die Stellung, die Heilige zwischen Gott und den Menschen einnehmen. In seiner stellvertretenden Funktion mag diese Idee mitklingen, aber er nimmt keine Heiligenposition ein (auch nicht die eines Christen wie es bei den Helden im *Battle of Maldon* und der *Passio Sancti Eadmundi* der Fall ist, weil deren heidnische Gegner ein christliches Pendant fordern, vgl. Paul R. Cavill: Heroic Saint and Saintly Hero: the Passio Sancti Eadmundi and The Battle of Maldon, in: Robin Waugh, James Weldon (Hrsg.): The Hero Recovered: Essays on Medieval Heroism in Honour of George Clark, Kalamazoo 2010, S. 110-124.).

Handlung oder Erleiden) ständig begleitet ist.[293] Rache duldet also keine Nachgiebigkeit, was keinerlei Platz für den christlichen Vergebungsgedanken lässt. Wann immer es möglich ist, wird dem Gegner Schaden zugefügt, wobei beide Kampfepisoden immer auch Ruhm und Ehre für Beowulf im Blick haben, die er für sich gewinnt und auch Hroðgar dadurch zurückgibt.[294] Der Held bleibt dabei jeweils in der Rolle als Hroðgars Stellvertreter[295] und kann seine Konzentration auf das Geschehen richten. Beowulf kann zwar auf seinen Kampfeszorn zurückgreifen, um in der konkreten Kampfsituation die nötige körperliche und mentale Kraft aufzubringen, doch sobald diese vorüber ist, kann er bescheiden und demütig auftreten (vgl. Vv. 1677f.: Übergabe des Schwertes an den Dänenkönig), was entweder von seinem starken Charakter zeugt oder an der persönlichen Unbetroffenheit der wütenden Monster liegen mag. Dieser fast schon professionelle Umgang mit der jeweiligen Situation ermöglicht ihm offenbar die Siege, denn im Folgenden sieht die Lage für ihn ganz anders aus.

Mit einem großen zeitlichen Abstand kommt es in Beowulfs Heimat, über die er mittlerweile als König herrscht, zu Drachenangriffen.[296] An dieser Stelle durchlebt Beowulf das, was Tripp als „psychology of anger“[297] beschreibt. Ihm zufolge verschmelzen die „senses of hreoh, 'fierce, savage, rough,' and hreow, sorrow, regret, repentance,' and reow, 'fierce, cruel,' into a new category of 'rage', as our emotions turn first upon ourselves and then upon the world“.[298]

Neben seiner bislang häufig bewiesenen Fähigkeit zu Zorn und Rage, wird Beowulfs inneres Erleben nun mit *hrēow on hreðre, hygesorga mæst*[299] beschrieben. Er bezieht die Gefühle zunächst auf sich und sinniert, ob er Gott

293 Vgl. Berserkerwut.

294 Hierzu Wehrli: „[...] Held-Sein heißt sich selbst behaupten, unter dem unausweichlichen Gebot der Ehre, die keinen Unterschied zwischen Innen und Außen kennt.“ (Max Wehrli: Literatur im Deutschen Mittelalter. Eine poetologische Einführung, Stuttgart 1987, S. 204).

295 Zum „Sermon“ (Vv. 1700-1784) und dessen homiletischer Deutung auf Beowulfs Zukunft siehe Goldsmith, 1991.

296 An dieser Stelle wird üblicherweise eine Zäsur angenommen, da die bisherigen die Erzählmuster des bereits genannten Bärensohnmotivs, das in ganz Europa verbreitet war, ausklingen und mit der Drachenepisode der andere, noch verbreitetere Stoffkreis beginnt, vgl. u.a. John D. Niles: Pagan Survivals and Popular Belief, in: Malcolm R. Godden, Michael Lapidge (Hrsg.): The Cambridge Campanion to Old English Literature, Second Edition, Cambridge 2013, S.120-136, der Bezug auf Panzer nimmt.

297 Tripp, 1992, S. 144.

298 Ebd., S. 144.

299 V. 2328: „Sorge im Herzen, größte Sorgen“.

wohl erzürnt habe, indem er gegen das alte Gesetz verstieß (Vv. 2329f.). Dabei wird auch betont, dass solche Gedanken und Gefühle bei ihm sonst nicht üblich sind (V. 2332). Beowulf impliziert mit seinen sorgenvollen Gedanken, dass Gott nicht nur Gutes, sondern auch Böses schicken kann, wenn er es als angemessene Reaktion auf vorausgegangenes Verhalten betrachtet. Die dahinter steckende Logik des Tun-Ergehen-Zusammenhangs, die Beowulf offenbar in sich trägt und die auch biblischen Ursprungs ist. Sie stellt gleichzeitig den Katalysator für den Rachekreislauf dar. Der göttliche Zorn, den die Menschen durch ihre Taten hervorrufen, kann also zu Racheakten führen. Diese Tatsache hat sich auch bereits in der Geschichte von Kain und Abel erwiesen. Gott, auch der *Wealdende*[300] oder *ecean Dryhtne*[301] genannt, taucht nicht nur in der für Beowulf belastenden Situation mehrfach auf, sondern insgesamt in dieser letzten Kampfepisode viel häufiger als in den vorherigen auf, was mitunter in Beziehung zu seiner neuen Rolle als König steht. Beowulf, der diesmal als unmittelbar Betroffener handelt, bereitet sich nun intensiv und voller Zorn auf einen Kampf gegen den Drachen vor und ist sogar bereit zu sterben (Vv. 2418ff.). Diese Bereitschaft zeugt einerseits von den germanischen Tugenden wie Kühnheit, Tapferkeit und Entschlossenheit, doch schwingt hier auch andererseits das für das christliche Heiligenverständnis zentrale Merkmal des Märtyrertums mit.[302] Rache kennt keinerlei Versöhnlichkeit oder anderweitige Entschädigung und Fehde stellt in damaligen Gesellschaften ein legales Instrument dar, das zur Sanktion dienen soll. Im eigentlichen Kampf mit dem Drachen, der der aufwendigste der drei Kämpfe ist, ist Beowulf erstmalig selbst ganz in der Opferrolle. Hat er zuvor das Leiden der Dänen gerächt, so will er sich nun für sich selbst und seinen eigenen Verlust rächen. Dass für ihn in dieser Episode etwas ganz Neues beginnt, zeigt auch schon die Bemerkung über die

300 V. 2329: „der Waltende".

301 V. 2330: „der ständige Herr".

302 Das Beowulf-Epos nimmt allerdings keinen expliziten Bezug zu Christus auf, sondern wenn biblische Anknüpfungen erfolgen, dann rückt das Alte Testament in den Fokus, vgl. Shami Ghosh: Writing the Barbarian Past: Studies in Early Medieval Historical Narrative (Brill`s Series on the Early Middle Ages 24), Leiden [u.a] 2016, S. 200f. Der Gedanke an einen Heiligen ist eher abwegig und „post-Christian". Es gibt auch keinen Hinweis darauf, dass Beowulf der Retter oder gar Erlöser seines Volkes ist, da die Zukunft in düsteren Farben gezeichnet wird (vgl. Goldsmith, 1991, S. 117; Millet, 2008, S. 80). Für das offenbar christlich versierte Auditorium scheint mir aber eine Anspielung nicht völlig undenkbar. Immerhin wurde zuvor auch von Wundertaten und der Gottesgesandtschaft Beowulfs gesprochen.

unbekannten Gedanken, die in ihm geweckt werden (V. 2331) und auch der zeitliche Abstand von 50 Jahren deutet auf Distanz zu den anderen Kämpfen hin. Das Besondere am letzten Kampf ist, dass Beowulf sich für sein Volk opfert und zugleich Ehre und Ruhm erhält. Wiglaf weist in seiner Trauerrede auch darauf hin, dass es Gottes Wille war, der Beowulf die Rache für sich selbst gewährt habe (Vv. 2874f.). Immerhin hat er auch persönlich unter den Angriffen des Drachen gelitten und sich ihm daher – und seinem Volk zuliebe – entgegengestellt. Nicht Wiglaf sieht sich selbst als Wegbereiter für Beowulfs Rache, sondern Gott ist der Einzige, der Rache autorisieren kann. Dieser Gedanke ist in der christlichen Tradition belegbar.[303] Einen Gott der Rache kennt auch das Alte Testament (vgl. u.a. Ps 94) und dieser wohnt auch dem Beowulf-Epos inne.[304]

Durch den Tod beider Kontrahenten hat Gott dafür gesorgt, dass der Kreislauf der Rache durchbrochen und die Ordnung – vorerst? – wiederhergestellt wird.[305]

Die Interpretation des *Beowulf* auf Basis der psychoanalytischen Theorien C. G. Jungs kommt in Bezug auf den Tod Beowulfs zu dem Schluss, dass eine symbiotische Beziehung zwischen ihm und dem Drachen intendiert ist.[306] Eine weitere Lesart, die Beowulf mit St. Georg in Verbindung bringt, führt ebenfalls zu dem Ergebnis, dass Beowulf genau wie der heilige Georg gleichzeitig auch gegen den eigenen inneren Drachen ankämpft.[307] Der Text schildert aber auch sein Wissen um seine übermenschliche Kraft, die ihm am Ende nicht mehr helfen kann und zum Verhängnis wird: Der Drachenkampf zeigt ihm die Grenzen seiner monströsen Kraft auf.[308] Beowulf, der von Anfang an als „der

303 Susan Jacoby: Wild Justice. The Evolution of Revenge, New York 1983, S. 170.

304 Vgl. Goldsmith, 1991, S. 109. Die Autorin weist auf die Möglichkeit, dass der Autor sowohl Hroðgar als auch Beowulf unter dem Zeichen des Alten Bundes und Gesetzes der Israeliten zeichnet, weil beiden die Offenbarung Gottes fehlt.

305 Ch. Maier: [Art.] Rache, in: Calwer Bibellexikon, Bd. 1., (2003), Sp. 1110.

306 Vgl. Judy A. White: Hero-Ego in Search of Self: a Jungian Reading of Beowulf, New York 2004, S. 110. Analog zum Drachen als das Selbst von Beowulfs Helden-Ich, das in seinem Individuationsprozess nur beinahe zum Abschluss komme, stelle Grendel den Schatten (die dunkle Seite seiner Persönlichkeit) und Grendels Mutter Beowulfs Anima (die weiblichen Anteile eines jeden Mannes) dar. Whites psychologischer Interpretation zufolge steht Beowulf also in jedem der drei Kämpfe seinen inneren, unbewussten Seelenanteilen bzw. am Ende deren Gesamtheit gegenüber und ist gezwungen, sich mit diesen auseinanderzusetzen, vgl. Anm. 116.

307 Vgl. Papahagi, 2002, S. 89f. In der Heiligenerzählung des St. Georg von Jacob de Voragine ist bemerkenswerterweise ein Palimpsest des *Beowulf* nachweisbar.

308 Vgl. Schultz-Balluff, 2009, S. 57. Ihr zufolge legt der Text das Augenmerk auf Wiglafs

Gute“ eingeführt wird, nimmt im Verlauf der Erzählung an dem äußeren, aber auch an seinem inneren Dualismus von Gut und Böse teil. Der äußere ist eindeutig der Kampf gegen die bösen Mächte – seien sie nun heidnische Unholde oder eine Strafe Gottes. Er zeigt sich stets *heard under helme,* was sich auch darin manifestiert, dass es nur einen zweifelhaften Moment gibt. Dieser kommt im inneren Dualismus unmittelbar vor dem Drachenkampf ans Tageslicht (Vv. 2327-2332). Seine *hreow on hreðre* ist direkt auf Gott bezogen und zeigt eine düstere Seite (*þēostre*) in Beowulf. Meistens zieht er selbst seine Sündhaftigkeit in Betracht. Dass er am Ende überhaupt stirbt, unterscheidet ihn von anderen Helden, ganz gleich welcher religiösen Vorstellungswelt. Welchen „Sinn“ sein Tod auch haben mag – sowohl für die heidnische als auch für die christliche Perspektive ist es ein erstrebenswerter Ausgang der Geschichte: Im Kampf zu fallen, war eine große Ehre für einen Krieger.[309] Aus christlicher Sicht ist die Aufopferung für den Nächsten (hier das Volk) eine Tugend, wobei von einer allegorischen Interpretation Abstand genommen werden muss. Beowulf ist weder Christus noch ein Heiliger und Hroðgar wird durch seinen „Sermon“ nicht zu einem Moses.[310] Sein Heldenleben lang hat er sich als „der andere“ erwiesen: als Gegner der Monster, als Gottgesandter, als Krieger, der mit christlichen und heidnischen Elementen[311] imprägniert ist und das Publikum durch sein ehrenhaftes Verhalten mit vielen Fragen konfrontiert, die zur Selbstreflexion dienen können:

> „Thus in Beowulf the hero is a pagan, probably a fictional one, who manifests some values ultimately to be condemned. Indeed, in one case he participates in one of the chief evils of the poem – vengeance. But he nevertheless represents the force of good, which on the one hand transcends the mores of a given social moment to become the spirit of a good society in

---

Kreativität im Umgang mit dem Drachen, die das alte heroische Kraftmodell infrage stellt.

309 Goldsmith sieht im Stolz den sicheren Untergang, vgl. Goldsmith, 1991, S. 105f.), wobei Papahagi die Unterscheidung zwischen *heroic pride* und *devilish* pride vornimmt; erstere sei durchaus akzeptabel und angemessen für einen Helden, vgl. Papahagi, 2002, S. 87.

310 Vgl. David Williams: Cain and Beowulf: a Study in Secular Allegory, Toronto/Buffalo/London 1982, S. 97.

311 An dieser Stelle sei nochmals darauf hingewiesen, dass sich nicht alles, was sich fernab des Christentums befindet mit dem Heidentum gleichzusetzen ist, sondern einfach als säkulare Gepflogenheit gemeint sein kann.

abstraction, and which on the other hand will evolve in time to the principles of goodness.“[312]

III.3.2 Siegfried

Siegfried hingegen hat weder Gott noch Götter, die seinen Weg begleiten, sondern ist durch seine Drachenhaut eindeutig der animalischen Sphäre des *heroic age* zuzuordnen. Für diese spielt ebenso wie für den Helden das Christentum keine Rolle. Daher ist es nicht verwunderlich, dass das NL auf dieser Ebene diesbezüglich am Helden keine Änderung oder Anpassung vornimmt, obgleich das deutlich ältere Beowulf-Epos es tut. In der Tatsache, dass sich Siegfried in einen Drachen verwandelt, mag die Symbolik des Bösen und Gottlosen in seiner Person mitschwingen,[313] wie es im heidnischen sowie christlichen Kontext für die mythische Gestalt des Drachen der Fall ist, doch spielt der Drache hier keine Rolle als potentiell dämonischer Antagonist Gottes. Am Hof der Burgunden wird Siegfried jedoch dann unweigerlich mit der christlich geprägten Hofgesellschaft konfrontiert,[314] die ihm zwar sein anfängliches Auftreten als Haudegen abzugewöhnen weiß, aber auch nur den Schein einer perfekten Welt abbildet, weshalb sie bei den zeitgenössischen Klerikern in Kritik steht.[315] Die Problematik am Hof ist im Zuge der heroisch/höfischen Ebene eingehend betrachtet worden und hat keine beobachtbaren Auswirkungen auf eine etwaige christliche Gesinnung Siegfrieds. Die Abwesenheit solcher Glaubenselemente scheint in Anbetracht der Tatsache, dass die Überführung in die Welt des Hofes misslingt, vielmehr auf eine weitere „Lücke“ hinzudeuten.

312 Ders., S. 99f.

313 Schlange und Drache sind für den mittelalterlichen Menschen omnipräsent, vgl. Wolfgang Metternich: Teufel, Geister und Dämonen. Das Unheimliche in der Kunst des Mittelalters, Darmstadt 2011. Das Unheimliche in der Kunst des Mittelalters, Darmstadt 2011, S. 28; ihm folgend Rebschloe, 2014, S. 32.

314 Vgl. zu höfisch-christlichen Idealen und Tugenden wie Demut, Mitleid, Barmherzigkeit, u.a. Bumke, 2002, S. 399-419.

315 Vgl. Bumke, 2002, S. 430-432; Jaeger, 2001.

III.3.3 Wolf Dietrich

Wolf Dietrich besitzt als einziger der drei Helden ein christlich konnotiertes Zauberhemd, nämlich sein Taufgewand. Das besondere an diesem Kleidungsstück ist, dass es wie eine zweite Haut am Körper sitzt und sowohl Schutz gegen Naturelemente (Feuer und Wasser) als auch gegen Waffenhiebe bietet (vgl. Str. 30).[316] Der Klausner, von dem die Königin ihren Säugling widerwillig taufen lässt, bemerkt zum Taufhemd:

„es wirt in seinem alter ein ungefüeger man:
wie enge aber es dich dunke, so legt ers doch wol an.“[317]

Zusammen mit dem Gewand erhält der Knabe die Prophezeiung, fünfzig Jahre zu leben und durch die Gnade Gottes in jedem seiner Lebensjahre die Stärke eines Mannes dazu zu bekommen (vgl. Str. 31).[318] Die Kraft und der Schutz, die ihm wenig später erfolgreich durch das Wolfsabenteuer helfen, sind von Anfang an durch die Taufe göttlich vorbestimmt, weshalb seine übernatürliche Stärke und Unverwundbarkeit nicht ausschließlich als heroische Qualitäten zu verstehen, sondern auch legendarisch angelegt sind.[319] Aufgrund dieser

316 Kratz formuliert die abenteuerliche These, dass das Taufhemd mit der ursprünglich postnatal am Körper haftenden Embryonalhülle in Zusammenhang gebracht werden könne, indem er Wolf Dietrich mit dem Fürsten und Werwolf-Krieger Vseslav aus der Nestorchronik, welcher mit einer sogenannten „Glückhaube“ zur Welt kam, vergleicht. Dieselbe Schutzfunktion, die diese Haut für Vseslav habe, werde im *Wolf Dietrich* dem *toufgewœte* zugeschrieben, weshalb er es als eine spätere Abwandlung der „Glückshaube“ des Werwolf-Kriegers sieht, vgl. Kratz, 1974, S. 18-30. In jedem Fall unterstreicht auch diese Annahme die hautgleiche Funktion des Taufhemdes.

317 Str. 29,3f.: „er wird, wenn er groß ist, ein ganz ungefüger Mann:/aber wie eng es dich auch dünkt, er legt es an und es wird passen.“

318 Dazu passend kennen die Fassungen B und D ein kreuzförmiges Mal auf Wolf Dietrichs Rücken, das ihm zu seiner neuen, unverwechselbaren Identität verhilft. Zur Identifikation und Identifizierung siehe Alois Hahn: Wohl dem, der eine Narbe hat: Identifikationen und ihre soziale Konstruktion, in: Peter von Moos (Hrsg.): Unverwechselbarkeit. Persönliche Identität und Identifikation in der vormodernen Gesellschaft (Norm und Struktur 23), Köln/Weimar 2004, S. 43-62.

319 „Von Anfang an wird also Wolfdietrich als ein von Gott auserwählter und unter einem besonderen Schutz stehender Held gesehen.“ (Miklautsch, 2005, S. 102.). Sowie auch die Legende des Heiligen Georg hagiographische und epische Topoi integriert, ist dies in der Wolfdietrichepik auch der Fall, was eine theologische Deutung des Drachenkampfes nahelegt (vgl. Rebschloe, 2014, S. 77), auf den noch näher einzugehen ist.

Disposition und weil sich die bedrohlichen Wölfe, denen Wolf Dietrich kurze Zeit später ausgeliefert ist, als zahm und fügsam erweisen, ist dieses Wolfsabenteuer einem Wunder gleichzusetzen. Die Zähmung von Wölfen bringt beispielsweise den Heiligen in Legenden eine umso größere Macht ein und befähigt sie in einigen Fällen dazu, Wolfsführer bzw. Herr der Tiere zu sein.[320] So ist es auch bei *Wolf Herr Dietrich*, der seinen Namen genau deswegen erhält. Die Überwindung der potentiell todbringenden Nacht schenkt ihm zum zweiten Mal das Leben mit göttlicher Gnade, denn auch Berchtung, der die Szene beobachtet, weiß nun:

„ [...] *‚dir ist der leib vil unbenomen.*
Dir müessen dies zaichen von gotes güete kumen,
ich wil das wol gelauben, und wärest du des teufels barn,
du wärest von den wolfen erstorben und verfarn.'“[321]

Der Knabe bestätigt seine christliche Identität dann endgültig dadurch, dass er das Holzkreuz, dass Berchtung ihm gibt, nicht zerbricht (vgl. Str. 108f.). Das „Wolfskind“ Dietrich geht aus dieser Nacht auch als Herr der Wölfe[322] hervor und – obwohl seine Mutter eine Heidin ist – erkennt Berchtung in ihm Christliches, wobei er die Möglichkeit, dass das Kind dennoch ein Heide ist, nicht ganz ausschließen mag (vgl. Str. 110). Doch das spielt für ihn keine Rolle, denn was zählt, ist nicht die innere Veranlagung des Kindes als Christ oder Heide, sondern die nach außen hin sichtbare Wirkung, die ihm beweist, dass der Junge Gott auf seiner Seite und er somit etwas Christliches an sich hat. Ihm ist bewusst, dass äußere Zeichen allein offenbar nicht uneingeschränkt auf das Innere schließen lassen, doch er nimmt die Situation als Grundlage für sein

320 Vgl. Bies, 2014, Sp. 918.

321 Str. 105,2-4:„'Leib und Leben sind dir unbenommen./Diese Zeichen müssen dir von der Güte Gottes kommen,/das will ich wohl glauben, wärst du nämlich des Teufels Kind,/so wärst du unter den Wölfen gestorben und dahingegangen.'“.

322 Wolf Dietrich ist genealogisch die Rolle eines Herrschers vorbestimmt, da sein leiblicher Vater der König ist. Insofern spiegelt der Name in der Form *Wolf Herr Dietrich* die Herrscherfunktion des Helden wider. Denkbar ist, dass dabei sowohl auf seine Rolle als Dienstherr und seine spätere Inthronisierung angespielt wird als auch die in Gen 1,28 festgelegte Bestimmung des Menschen als Herrscher über die Tiere anklingt, die er nun annimmt.

weiteres Vorgehen;[323] er wird den Jungen nicht töten, sondern aufziehen. Durch die Taufe ist die Trennschärfe zwischen Ritterschaft und Heiligkeit für den Jungen infrage gestellt und spiegelt ein zentrales Problem höfischer Identität wider: „[...] wie [kann] sich ein Mitglied der weltlichen Adelsgesellschaft geistlich legitimieren[...]“?[324] Das Taufhemd stellt durch seine magisch-universale Passform hierbei ein körperlich greifbares Symbol dar, denn der Schutz des Glaubens wächst mit seinem Träger.[325] Die Mutter hat während Wolf Dietrichs Aufenthalt auf Meran das Hemd in Verwahrung und gibt es ihm, bevor er auszieht, um bei König Ortnit Hilfe zu ersuchen. Hier wird sichtbar, was durch die Taufe vollzogen wurde: Die Hülle des Helden schützt ihn allein deshalb, weil er sich über das *herze der selden dach geschlauft*[326] hat. Die Flexibilität des Hemdes, die durch diese Eigenschaft der bereits thematisierten Multifunktionalität Wolf Dietrichs entspricht, führt Wolf Dietrich letzten Endes auf den Thron. Zuvor begibt er sich jedoch in die Wildnis und sieht sich mit der *helle*[327] und magischen Kräften konfrontiert. Die Wilde Frau, die Wolf Dietrich eine Zauberwurzel anbietet, um ihm zu erneuter monströser Kraft zu verhelfen, verwandelt sich von einem dämonischen Meerweib in eine helfende Schönheit und zeigt ihm sogar wie er in Zukunft die Wurzel erkennt und sich selbst helfen kann (vgl. Str. 500).[328] Zauberei und Magie werden im *Wolf Dietrich* keineswegs

323 Wolf Dietrich wird teuflische Herkunft angedichtet, weil er so ungezähmt und wild ist (vgl. u.a. Str. 45, 62, 92, 105; in Str. 236 wird der Teufel sogar milder als Wolf Dietrich dargestellt), doch nun sieht Berchtung das Gegenteil bewiesen.

324 Kraß, 2003, S. 172.

325 Wolf Dietrich wird aufgrund des Hemdes verschiedentlich als zweiter Sankt Georg, der ebenfalls gegen einen Drachen kämpft, stilisiert, vgl. Kratz, 1974; Kraß, 2003, S. 173. Der Erhalt des Hemdes ist in den Fassungen unterschiedlichen Umständen geschuldet; es ist ein Taufgeschenk in A, eine Gabe der Sigeminne in B und in D muss er es sich erkämpfen. Fassung D zieht als einzige eine direkte Verbindung zwischen Wolf Dietrich und Georg, indem das dort errungene Hemd zuvor dem Heiligen gehört haben soll, vgl. Miklautsch, 2005, S. 180. Dabei ist Wolf Dietrich aber nicht als Heiliger oder Märtyrer zu verstehen ist, vgl. Friedrich, 2009, S. 335.

326 Str. 435,1: „[Du hast dir über dein] Herz die Decke der Gottseligkeit gezogen.“

327 Str. 462,2: „Hölle“. Die Kindheitserfahrung wiederholt sich: Wolf Dietrich erfährt sich selbst als Teufelskind, während gleichzeitig alles Fremde verteufelt wird, vgl. Wolfdietrich, Komm. zu Str. 489,4, S. 665.

328 Zauberpflanzen, die in die höfischen Literatur zuhauf Eingang gefunden haben, erfüllen im Mittelalter einen oft mit Magie verbundenen Zweck, wobei sich die übernatürlichen Kräfte meist als reale Substanzeffekte erweisen. Erfahrungswissen und heidnischer Aberglaube gehen dabei oftmals Hand in Hand, doch nicht alle Praktiken und Substanzen wurden von der Kirche als „heidnisch“ verteufelt, vgl. Peter Dilg: [Art.] Zauberpflanzen, in: LexMa, Bd. 9 (2002), Sp. 485f.

aus christlicher Perspektive abgelehnt, sie partizipieren sogar an der christlichen Sphäre, denn so ist auch das Taufhemd von Anfang an ein magisches Hemd. Insofern bezeugt die Zauberwurzel möglicherweise heidnischen Aberglauben, wie er im Mittelalter weit verbreitet war, oder aber einfach die Notwendigkeit medizinisch fundierten Wissens. In jedem Fall scheint ihre Wirkung auf Wolf Dietrich erwünscht und nicht verteufelt zu sein. Im Gegenteil: Immer wenn er mit dem Teufel – oder wie in diesem Fall mit der Hölle – in Verbindung gebracht wird,[329] zerschlägt sich diese Vermutung meist unmittelbar und Wolf Dietrichs Christlichkeit hebt sich im Kontrast dazu ab.[330] Kontrastiv spielt der gesamte Text auch mit der Konfrontation des Wolf Dietrich mit Ortnit, des Helden mit dem Antihelden.[331] Durch diesen bestehenden Kontrast hebt die Aussage Ortnits „*ich bins ein wilder heiden*"[332] deutlich die christliche bzw. heidnische Färbung von Held und Antiheld hervor, die den gesamten Lebenslauf durchzieht.[333] Obwohl Wolf Dietrich heidnische Wurzeln hat, weil seine Mutter Heidin ist, ist er selbst ein ganzer Christ. Das Taufhemd übernimmt in

---

329 An seinem Tiefpunkt im Wald angekommen, hört Wolf Dietrich sogar in seinem elendigen Leiden die Schreie Luzifers und dessen Abkömmlinge (vgl. Str. 463) und meint, sich in der Hölle wiederzufinden. Die Entrückung von Seele und/oder Leib in einen anderen Raum, der von Höllenfahrt und Horrorszenarien geprägt ist, ist das Charakteristikum der Visionsliteratur, wie sie in unzähligen Ausführungen überliefert ist, vgl. Peter Dinzelbacher: [Art.] Visio(n), -sliteratur. A, in: LexMa, Bd. 8 (2002), Sp. 1734-1738. Wolf Dietrichs Abstieg in die Tiefe, die er mit allen Sinnen als Hölle wahrnimmt (Identitätsverlust, Leid, Hunger- und Durstgefühl, Müdigkeit, Schreie, unmittelbare Todeserwartung), führt ihn hinab zu der *stainwant,* einem Raum, der durch sein Material Stabilität vorgibt, aber bei genauerer Betrachtung undeutlich und verschwommen – der übrigen Welt entzogen – ist, vgl. Stephan Fuchs-Jolie: stainwant. König Otnits Tod und die heterotope Ordnung der Dinge, in: Sonja Glauch, Susanne Köbele, Uta Störmer-Caysa (Hrsg.): Projektion - Reflexion - Ferne: Räumliche Vorstellungen und Denkfiguren im Mittelalter, Berlin 2011, S. 57.

330 Einige Beispiele: Wolf Dietrich wird als Teufelskind dargestellt und beweist durch sein Wolfsabenteuer das Gegenteil; wegen seine Blutrünstigkeit im Kampf gegen die Brüder bezeichnet Saben ihn als Teufel (vgl. Str. 340), wobei er sich kurz darauf durch sein Wehklagen um Berchtungs Söhne alles andere als teuflisch präsentiert; er gelangt zur *stainwant* und stößt doch dort durch Gottes Güte auf einen *locus amoenus* (oder gar das Paradies?).

331 Insbesondere der klägliche Tod macht Ortnit zu einem Antihelden, der zerfällt, indem sein weicher Kern aus der massiven Rüstung gesogen wird, und der vom nachfolgenden Helden Wolf Dietrich gerächt werden muss. Was Ortnit versagt bleibt, erlangt Wolf Dietrich, vgl. Kraft, 2009, S. 49f.; Fuchs-Jolie, Millet, Peschel (Hrsg.), 2013, S. 706f. [Nachwort].

332 Ortnit, Str. 203,4: „Ich bin's, ein wilder Heide [...]".

333 In Wolf Dietrichs Leben finden sich viele Elemente, die zu eine typischen Heiligenvita gehören: Taufe, Wunder, Gottesgabe, Moniage.

christlicher Überzeichnung die Funktion einer Rüstung, ersetzt eine solche aber nicht ganz, sondern ergänzt sie sinnvoll, denn Wolf Dietrich legt im Drachenkampf die elbische Rüstung Ortnits an, zwischen deren Ringe sich das Hemd schmiegt und so verhindert, dass Wolf Dietrich – anders als Ortnit – aus der Rüstung gesogen wird (vgl. Str. 239 der Schlusspartie des *Wolf Dietrich* nach dem Dresdner Heldenbuch). Das hautgleiche Taufhemd, das als äußeres Zeichen *der selden Dach* dient, ist im Drachenkampf geradezu mit Ortnits Rüstung verschmolzen, wodurch diese alte heroische Hülle ebenfalls zu einer schützenden Haut wird.[334] Wolf Dietrich kombiniert also den Glauben in seinem Herzen – symbolisiert durch das Taufhemd – mit seiner heroischen Kraft – der Rüstung –, was ihn zu einem siegreichen Ritter macht. In seiner Ritterschaft integriert er beides und füllt die Rüstung als „providentiell ausgestatteter Erlöser"[335] damit vollständig aus. Berchtung konnte am heimlich getauften Wolf Dietrich nur die äußeren Zeichen als christliche wahrnehmen. Die Entwicklung zeigt aber dann, dass das Innere dem Äußeren entspricht und das Christliche voll adaptiert und integriert ist. Von einem heidnischen Helden fehlt bei Wolf Dietrich nach anfänglichen Schwierigkeiten jede Spur. Einzig und allein die Gegenüberstellung mit Ortnit erinnert an das Heidnische eines „Helden des alten Schlags". Wolf Dietrich stellt am Ende nicht nur die politische Ordnung wieder her, sondern auch die göttliche, die über das Heidentum und das Dämonische siegt.[336] In diesem christlichen Licht wird auch die *triuwe*-Verbindung zu seinen Dienstmannen betrachtet.[337]

334 Im Bild des Körpers verbleibend stellt die Rüstung als äußerste Schicht die „Hornhaut" Wolf Dietrichs dar.

335 Vgl. Friedrich, 2009, S. 335; vgl. auch Anm. 325.

336 Die Schlange ist in vielen Kulturen seit jeher dasjenige Wesen, das dem Gott oder den Göttern der Schöpfung entgegentritt. Dabei ist anzunehmen, dass in gigantischen Exemplaren ein Drache zu sehen ist, wobei darüber im Einzelfall gesondert zu entscheiden ist. Die Kraft des Bösen und die Hinterlistigkeit dieser Wesen kennen sowohl christliche (z.B. Gen 3,1 sowie Hi 3,8) als auch heidnische Berichte (z.B. Der Totendrache Nidhöggr, *Völuspá* Str. 39 und 50; *Gríminismál* Str. 34f.). Er kann unterirdisch, als fliegende Bedrohung, unter Wasser oder als Höhlenbewohner auftreten. Dabei wird der Drache vielfach als Teufel – insbesondere in eschatologischer Perspektive als der Antagonist Gottes schlechthin – verstanden, der sich zwischen Verführung und Schreckensverbreitung entscheiden kann. So zeichnet auch der *Physiologus* über den Drachen eine negative Ideologie. Er tritt als unstetes Wesen und Sinnbild des Teufels in Erscheinung und nur in Einzelfällen als „einfache" Schlange, vgl. Rebschloe, 2014, S. 31-33, 58f., 68-70, 94, 184f.; Treu, S. 24-27. Eine vollständige Auflistung der Erwähnungen im *Physiologus* zu finden bei Rebschloe, 2014, S. 88-95.

337 Vgl. Miklautsch, 2005, S. 186.

III.3.4 Zusammenfassung

Obgleich das Christentum ursprünglich für den Heros keine Rolle spielt, zeigt sich doch auf dieser Ebene, wie christliche Elemente bei seiner späteren Gestaltung im schriftlichen Epos zunächst subtil eingeflochten werden und dann noch später einen festen Bestandteil im Leben des Helden darstellen. So wird bereits im Beowulf-Epos deutlich, wie fließend plötzlich heidnische und christliche Elemente ineinander verwoben sind. Neben der Erwähnung des christlichen Gottes als Beistand für Beowulf, sind es vor allem Handlungsmuster und Denkweisen, die mal an eine Sphäre angelehnt sind, mal beide Sphären implizieren. Der Held nimmt hierbei eine oszillierende Funktion ein, indem er sowohl Teil des Dualismus von Gut und Böse ist als auch die Vorstellungen beider Lebenswelten verkörpert. Ruhm und Ehre, die im germanischen Wertekanon eine wichtige Rolle spielten, treiben ihn genauso an wie die Racheverpflichtung, doch auch das Schicksal *wyrd* leistet immer wieder seinen Beitrag zum Geschehen. Mit Gottes Hilfe vollbringt er vorbildliche Wundertaten und schafft den Schutzlosen Abhilfe von gottverstoßenen Monstern.

Siegfried hingegen ist nicht christlich umhüllt, sondern durch seine Drachenhaut der mythisch-heidnischen Sphäre zuzuordnen. Die auch Lindwürmer genannten Drachen oder Schlangen spielen im christlichen Kontext auf den Sündenfall an bzw. symbolisieren auch bei den Heiden das Böse und Gottesferne in der Welt. Siegfried kann den Drachen besiegen, lädt durch dessen Blut aber einen Teil dieser Chaosmacht auf sich. Am Hof der Burgunden ist er dann von der christlich geprägten Hofgesellschaft umgeben und ist nach wie vor um vorbildliches Benehmen bemüht. Doch nichts weist darauf hin, dass Siegfried gottesfürchtig ist oder seine Taten auf Gott (oder eine andere Macht) zurückzuführen sind.

Wolf Dietrichs Taufhemd hingegen, das ein mit dem Körper des Helden wachsendes Hemd ist und ihn vor menschlichen Waffen sowie vor den Naturelementen Feuer und Wasser schützt, ist nur zusammen mit einem gefestigten Glauben an Gott wirksam. Dies beweist der siegreiche Drachenkampf und die Heirat mit Liebgart, die ihn endgültig fest in den Hof integriert. Das Taufhemd gibt dem Helden den nötigen Schutz, aber auch

Stabilität und – im Fall Wolf Dietrichs – auch Flexibilität, die dem Helden des alten Schlags fehlt (vgl. Ortnit, dessen weicher Leib einfach aus der Rüstung gesogen wird). Wolf Dietrich verbindet Inneres und Äußeres sinnvoll miteinander, weil er die Hülle nicht nur überlegt, sondern dessen Bedeutung intrinsisch angelegt ist. Deshalb schafft er es, trotz anfänglicher Schwierigkeiten, selbstbewusst den Weg durch die Wildnis zu gehen, kann sich dank des Briefes von Berchtung auch von seiner Identitätskrise befreien und seinen Individuationsprozess erfolgreich für den Sieg nutzen.

IV. Die neue Hülle der Helden

Alle Helden dieser Untersuchung weisen auf den verschiedenen Ebenen eine doppelte Imprägnierung ihrer Person auf.[338] Dabei schichten sich diese doppelt imprägnierten Ebenen gewissermaßen analog zu den verschiedenen Hüllen um den Helden. Die animalisch/menschliche Ebene bildet den Kern, auf den sich nach und nach die anderen Ebenen aufbauen. Sie stehen aber auch immer in Wechselwirkung zu dieser. Gerade weil sie das archaische Motiv des Animalischen beinhaltet, bildet sie den Kern, der maßgeblich für jeden der Helden ist. Auf verschiedene Art und Weise wird dieses gemäß der künstlich-klerikalen Ideologie des Mittelalters christlich überzeichnet und abgeschliffen. Die Metapher des Abschleifens soll allerdings nicht den Gedanken schüren, die Epen hätten eine steinerne Urform, deren Bearbeitung sich nun Handwerker – in Gestalt von Schreibern – angenommen hätten. Vielmehr tätigen die Autoren hier Kunstgriffe, welche die Versuche der Konfliktbewältigung an der Figur des Helden demonstrieren. Dabei zeigen intertextuelle und historische Bezüge, dass das Kunstwerk aber auch nicht im luftleeren Raum entstanden ist. Alle Helden beziehen nämlich auf den verschiedenen Ebenen ihre ganz eigene Position und beweisen im Vergleich einen unterschiedlichen Grad der Integration von den *alten mæren* in den zeitgenössischen (Kon-)Text. Die dafür nötigen Spielzüge und -regeln führen dabei so manchen Helden in den eigenen Untergang.[339]

Beowulf, der „älteste" der drei Helden, spaltet seine animalisch-heroische Existenz nach seinem ruhmreichen Auftreten bei den Dänen von seiner unheroisch-zivilisierten Rolle als König der Gauten ab. Jedenfalls gibt die kurze Erwähnung keinerlei Anlass, eine Verbindung zwischen den beiden Lebensabschnitten herzustellen. Graphisch sei dies einmal wie folgt dargestellt:

338 Siegfried stellt auf der christlich/heidnischen Ebene die einzige Ausnahme dar.
339 Vgl. Müller, 1998.

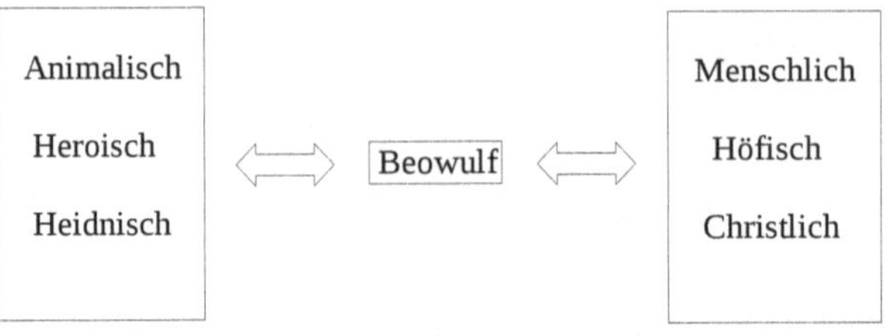

In Leserichtung ist auch die Chronologie abgebildet; der Held steht zwischen dem ehemaligen animalischen Kriegertum und der neuen Herrscherrolle. Die kämpferische Natur Beowulfs ist dem Leser zwar aufgrund des raschen Zeitsprungs noch präsent, doch ist der animalische Heros, dem kein Platz in der gegenwärtigen Herrscherposition Beowulfs eingeräumt ist, offenbar in seiner Vergangenheit geblieben. Denn erst mit dem Erscheinen des Drachen wird er wieder geweckt und gewinnt die Oberhand über den Herrscher, was ihn das Leben kostet. Nicht einmal der einzige Helfer kann diesen Fehler ausgleichen. In dem Moment, in dem die heroischen Charakterzüge nach 50 Jahren wieder benötigt werden, zeigt sich, dass Beowulf verlernt hat, die Folgen seines Handelns adäquat einzuschätzen.[340] Es drängt sich die Tatsache auf, dass Beowulf in beiden Sphären für sich erfolgreich sein kann, doch die Integration misslingt, was auch der vermehrte Bezug zum biblischen Gott in dieser letzten Episode nicht verhindert. Dass sie aber ein notwendiger Schritt gewesen wäre, ergibt sich aus dem Drachenkampf, in dem sich zwei Gegner des *heroic age* gegenüberstehen, deren derartige Existenz in der neuen Zeit[341] unmöglich ist.

In der Figur des Beowulf wird demnach die Trennung der beider Sphären, aber auch gleichzeitig die Notwendigkeit ihrer sinnvollen Verbindung verdeutlicht, die nicht einfach durch die Gleichzeitigkeit des Auftretens beider Rollen in einer Person erfüllt werden kann. Die Weisheit des Herrschers hätte um die monströse Kraft aus seiner heroischen Vergangenheit ergänzt werden müssen und diesen nicht einfach in kopfloser Raserei überwältigen dürfen. Ein Blick auf die Zeit

340 Vgl. Koch, 2009, S. 319.

341 Hier ist sowohl die werkimmanente Zeit, die durch ihre Zäsur einen neuen (Lebens-)Abschnitt für Beowulf einleitet, als auch der Zeitpunkt der Verschriftlichung des Epos gemeint, der ebenfalls seine neuen Einflüsse mitbringt, z.B. monastische, vgl. Jack, 2009, S. 7.

bei den Dänen zeigt, dass Hroðgar als König einen heroischen Kämpfer von außen benötigte, um sein Volk beschützen zu können. Dort waren die Rollen auf zwei Personen aufgeteilt und beide sahen ihre Aufgabe am Ende als erfolgreich erfüllt an: Der Held hat die Ungeheuer besiegt und der König sein Volk geschützt. Wie auch immer eine gelingende Integration für Beowulf aussehen könnte, aus einem separierten Nebeneinander kann nicht plötzlich ein erfolgreiches Zusammenspiel werden.

Siegfried bildet das andere Extrem im Vergleich zu Beowulf. Mit Vorsicht formuliert: Die Sphären diffundieren weitgehend unkontrolliert durch den Helden in den jeweils anderen Bereich hinein:

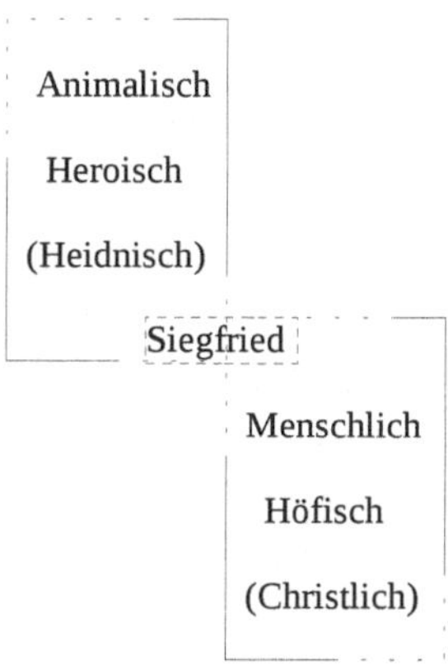

Schon in seiner Jugend wird er mit beidem konfrontiert, indem er sowohl die höfische Erziehung und Schwertleite erhält als auch durch den Drachenkampf selbst zu einem Drachen mit Hornhaut wird. Diese mythisch-animalische Hülle verwurzelt ihn in der sagenhaften Welt, die sein nordisches Pendant Sigurd noch deutlicher hervorhebt. Ganz typisch äußert sich das verinnerlichte Monströse in übertriebenem Verhalten, das sich der höfischen Kontrolle entzieht. Die Übertreibungen und Überdimensionierungen sowie sein Fehlverhalten sind Folgen des inneren Heroischen, die Konflikte hervorrufen und sich in ihnen entladen.[342] Dies verdeutlicht besonders eindrucksvoll der erste Kontakt

342 Zum Verhältnis von Innen und Außen vgl. Klein, 1988, S. 125.

Siegfrieds mit der Wormser Hofgesellschaft, den er nicht besser für sein Vorhaben zu nutzen weiß, als sich *degenlich* und als *recke* zu präsentieren. Die animalisch-heroischen Charakterzüge prallen ungebremst auf die gastfreundlich gesinnten Wormser. Seine Anpassungsfähigkeit lässt ihn dann aber gut am Hof zurecht kommen, doch je weiter er in eine Sphäre – Natur oder Kultur – hineingefunden hat, desto deutlicher und unerwartet tritt dann das Muster der jeweils anderen Sphäre zu Tage. So ist er dann später der *ritter edele* im Wald und stirbt. Das Ventil, das den Fluss ins Gleichgewicht bringen und die gelungene Integration herbeiführen könnte, scheint Siegfried zu fehlen. Stattdessen schlägt er plötzlich von einem ins andere um.
Was ihm fehlt, und das könnte ein Hinweis auf den Grund des Misslingens der Integration sein, ist der Glaube bzw. die christliche Verankerung wie sie für die höfische Kultur maßgeblich ist.

Dies verkörpert Wolf Dietrich par excellence. Sein animalisch-heroischer Kern ist vorhanden, aber durchgängig von den neuen Prädikaten umhüllt, sodass diese auch bis ins Innere durchdringen können:

Wolf Dietrich

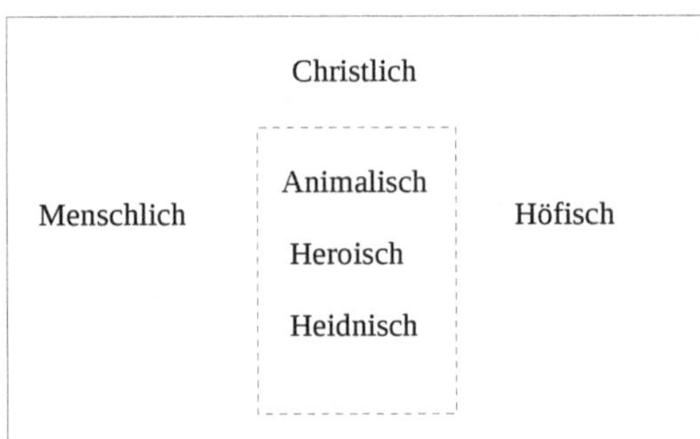

Was Wolf Dietrich auf den ersten Blick von den anderen Helden unterscheidet, ist sein Status als getaufter und gläubiger Christ. Dieser ist nicht nur eine Hülle, die seinen Körper in Form des Taufhemdes bekleidet und ihn schützt, sondern wird zur Erklärung für seine heroische Identität erhoben, indem Berchtung feststellt, dass der Junge ein Kind Gottes und nicht des Teufels ist. Seine heroische Existenz bereitet ihm ebenso wie Siegfried am Hof Schwierigkeiten, doch im Gegensatz zu diesem ist Wolf Dietrich mit Hilfe der Erziehung in der Lage, seinen animalisch-heroischen Kern zu bündeln und in die Sphäre des Höfischen hineinzuwachsen. In Form des Namens begleitet ihn das Wölfische sein Leben lang, doch im Drachenkampf versucht er nicht wie Beowulf seine monströsen Kräfte zu reaktivieren, sondern siegt mit der durch seinen Glauben wirksamen Magie des Taufhemdes. Mitklautsch postuliert:

> „Wolfdietrich ist in jeder Altersstufe auf der Höhe seiner Perfektion“.[343]

Dies geschieht durch Kontrolle und Beherrschung – er ist Wolf und Herr der Wölfe und insofern auch Herr seiner Selbst – und muss so manches affektierte Verhalten ausmerzen, sich anderes aneignen und am Glauben festhalten. Trotz seiner heidnischen Wurzeln zeichnet sein Lebensweg den aus Heiligenviten bekannten Werdegang nach, für den der Sieg der *truiwe* ebenso wichtig ist wie die göttliche Ordnung, die dann gesellschaftsstabilisierend wirksam werden.
Insgesamt scheint Wolf Dietrich derjenige Held unter den dreien zu sein, dem es letztendlich gelingt, die inneren und äußeren Ambivalenzen auszuhalten bzw. zu integrieren und somit sowohl als heroischer Drachenkämpfer siegreich zu sein als auch im höfischen Leben Fuß zu fassen. Die beiden anderen haben auf ihre jeweils ganz eigene Weise Integrationsschwierigkeiten auf verschiedenen Ebenen, die im Verlauf der Erzählung zu den aufgeführten Konflikten führen. In der christlichen Überformung des Heroischen, die sich in der passgenauen Form des klerikal-künstlichen Hemdes widerspiegelt, ist der Konflikt für Wolf Dietrich quasi aufgelöst, wenn auch das Heroische noch immer im Kern Bestand hat. Das omnipräsente Wechselspiel zwischen beiden Sphären bildet den Rahmen, in dem der Held sich bewegen und seine Rollen darin integrieren muss. Das Christentum scheint dann die Instanz zu sein, die über Gelingen oder Misslingen entscheidet: Siegfried und Wolf Dietrich eint ihre Rollenvielfalt, doch wo Siegfried diese nicht zielführend einsetzen kann, bündelt sie sich für

343 Miklautsch, 2005, S. 115.

Wolf Dietrich unter dem Deckmantel des Christentums, das zu Beowulfs Zeiten noch keine vergleichbare exponierte Stellung innehatte. Der christlich umhüllte Held ist zwar am weitesten von der Sagenwelt des *heroic age* entfernt, doch ist diese Entfernung für ihn die einzige Möglichkeit, in der christlichen Hofkultur Fuß zu fassen. Trotz aller Erneuerung, die mit dem Namen Wolf (Herr) Dietrich einhergeht, lässt es sich der Autor dennoch nicht nehmen, den „neuen Helden" an das *heroic age* rückzukoppeln. Dem sagenkundigen Leser erschließt sich nämlich sogleich die Tatsache, dass Wolf Dietrich der Ururgroßvater Dietrichs von Bern ist.

Der Blick auf den Anfang macht Folgendes deutlich:
Wie also die *alten mæren* in doppelter Hinsicht zu verstehen sind, weil sie einerseits – wenn auch diffus und nicht rekonstruierbar – von der Historie berichten, andererseits die alten Geschichten und Stoffe überliefern, so ist auch der Held als Kernfigur der Erzählung in diese Überlieferungsdynamik einbezogen. Sie manifestiert sich in der Doppelbindung des Helden, die auch nochmals durch die diametralen Begriffe *heard under helme/hreow on hreðre, wild/zam* und *degen/ritter edele* aufgegriffen worden ist. Der Dichter hüllt seine Erzählung auf den verschiedenen Ebenen um den Protagonisten und setzt ihn so in Beziehung zu dem durch die Geschichte gewachsenen und durch das Medium der Schrift aufkommenden neuen Kulturraum. Der aus den – wie das NL sie nennt – *alten mæren* stammende Heros präsentiert sich dementsprechend im Verlauf seiner Geschichte in doppelter Hinsicht im *neuen Gewand*.[344]

344 Dessen Schönheit können wir zwar erkennen und untersuchen, doch ob und welche „Schichten" noch aus früherer mündlicher Tradierung darunter sind, bleibt verborgen. Dennoch können in der Heldenepik besondere Erkenntnisse gewonnen werden: „Im deutschen Raum war das traditionelle heroische Ereignislied offenbar die einzige verfügbare Gattung, in der das Altheroische in problematisierender Verschriftlichung niedergelegt werden konnte [...]. Im Altenglischen ging man, noch tiefer in die Substanz des Altheroischen eingreifend, einen Schritt weiter, im Beowulf, in einem doppelt neuen Medium, in der Schriftlichkeit und im Großepos." (Wolf, Alois: Die Verschriftlichung von europäischen Heldensagen als mittelalterliches Kulturproblem, in: Heinrich Beck (Hrsg.): Heldensage und Heldendichtung im Germanischen, Berlin 1988, S. 305-328, hier: S. 309).

V. Abkürzungs-, Quellen- und Literaturverzeichnis

Abkürzungsverzeichnis:

ae.	altenglisch
altn.	altnordisch
mhd.	mittelhochdeutsch

Quellenverzeichnis:

Byock, Jesse L.: The Saga of King Hrolf Kraki. Translated with an Introduction by Jesse L. Byock, London 2005.

Byock, Jesse L. (Hrsg.): The Saga of the Volsungs: The Norse Epic of Sigurd the Dragon Slayer, London 2004.

Fuchs-Jolie, Stephan; Millet, Victor; Peschel, Dietmar (Hrsg.): Otnit. Wolf Dietrich. Frühneuhochdeutsch/Neuhochdeutsch, Stuttgart 2013.

Fulk, R. D.; Bjork, Robert E.; Niles, John D.: Klaeber's Beowulf, Fourth Edition, Toronto 2008.

Haymes, Edward R. (Hrsg.): The Saga of Thidrek of Bern. Translated by Edward R. Haymes, New York 1988.

Jack, George: Beowulf. A Student Edition. Oxford 2009.

King, K. C. (Hrsg.): Das Lied vom Hürnen Seyfrid. Critical Edition with Introduction and Notes by K. C. King, Manchester 1958.

Kofler, Walter (Hrsg.): Ortnit und Wolfdietrich A, Stuttgart 2009.

Krapp, George P. ; Van Kirk, Elliot (Hrsg.): The Old English Physiologus. The Exeter Book, New York 1936.

Krause, Arnulf: Die Götter- und Heldenlieder der Älteren Edda. Übersetzt, kommentiert und herausgegeben von dems., Stuttgart 2011.

Lehnert, Martin: Beowulf. Ein altenglisches Heldenepos. Übersetzt und herausgegeben von dems., Stuttgart 2004.

Riethe, Peter (Hrsg.): Hildegard von Bingen. Naturkunde. Das Buch von dem inneren Wesen der verschiedenen Naturen in der Schöpfung, Salzburg 1974.

Schulze, Ursula (Hrsg.): Das Nibelungenlied. Mittelhochdeutsch/Neuhochdeutsch. Nach der Handschrift B. Ins Neuhochdeutsche übersetzt und kommentiert von Siegfried Grosse, Stuttgart 2011.

Treu, Ursula (Hrsg.): Physiologus. Naturkunde in frühchristlicher Deutung, Berlin 1981.

Literaturverzeichnis:

Abels, Kurt: Germanische Überlieferung und Zeitgeschichte im Ambraser Wolf Dietrich (Wolf Dietrich A), Freiburg i. Br. 1965.

Andersson, Theodore M.: Die Oral-Formulaic Poetry im Germanischen, in: Heinrich Beck (Hrsg.): Heldensage und Heldendichtung im Germanischen (Ergänzungsbände zum Reallexikon der Germanischen Altertumskunde, Bd. 2), Berlin/New York 1988, S. 1-14.

Baecker, Linde: Die Sage von Wolfdietrich und das Gedicht Wolfdietrich A, in: ZfdA 92 (1963), S. 31-82.

Baecker, Linde: Die Grundlagen der Geschichte des Wolfdietrichstoffes. Teildruck aus: Die Sage von Wolfdietrich und das Gedicht Wolfdietrich A, Mainz 1961.

Bastert, Bernd: Fremde Helden?: narrative Transcodierung und Konnexion des 'Nibelungenlieds' im mittelniederländischen 'Nevelingenlied', in: Victor Millet (Hrsg.): Narration and Hero: Recounting the Deeds of Heroes in Literature and Art of the Early Medieval Period, Berlin 2014, S. 385-402.

Beck, Heinrich: [Art.] Rache, in: Reallexikon der germanischen Altertumskunde. Bd. 24 (2000), S. 45-47.

Berendsohn, Walter A.: Zur Vorgeschichte des Beowulf, Kopenhagen 1935.

Bertelli, Sergio: The King's Body. Sacred Rituals of Power in Medieval and Early Modern Europe (translated by R. Burr Litchfield), State College 2003.

Bies, Werner: [Art.] Wolf, in: Enzyklopädie des Märchens Bd. 14 (2014), Sp. 912-923.

Birkhan, Helmut: Furor Heroicus, in: Alfred Ebenbauer, Johannes Keller (Hrsg.): Das Nibelungenlied und die europäische Heldendichtung. 8. Pöchlarner Heldenliedgespräch (Philologica Germanica 26), Wien 2006, S. 9-38.

Bjork, Robert E.; Obermeier, Anita: Date, Provenance, Author, Audiences, in: Bjork, Robert E.; Niles, John D. (Hrsg.): A Beowulf Handbook, Exeter 1997, S. 13-34.

Bosworth, Joseph: An Anglo-Saxon Dictionary Online, 2010, online vom 01.09.2016 (http://www.bosworthtoller.com/001252).

Britton, G. C.: Unferth, Grendel and the Christian Meaning of 'Beowulf', in: Neuphilologische Mitteilungen 72, 1971, S. 246-250.

Bumke, Joachim: Höfische Kultur. Literatur und Gesellschaft im hohen Mittelalter, 10. Aufl., München 2002.

Cameron, Angus; Crandell, Ashley [u.a.] (Hrsg.): Dictionary of Old English: A to G online (Toronto: Dictionary of Old English Project 2007), online vom 01.09.2016 (http://tapor.library.utoronto.ca/doe/dict/indices/headwordsindexa.html).

Cavell, Megan: Constructing the Monstrous Body in Beowulf, in: Anglo-Saxon England Bd. 43, Cambridge 2014, S. 155-181.

Cavill, Paul R.: Heroic Saint and Saintly Hero: the Passio Sancti Eadmundi and The Battle of Maldon, in: Robin Waugh, James Weldon (Hrsg.): The Hero Recovered: Essays on Medieval Heroism in Honour of George Clark, Kalamazoo 2010, S. 110-124.

Chadwick, Hector M.: The Heroic Age, Cambridge 1912, repr. 1967.

Chadwick, Nora K.: The Monsters and Beowulf, in: Peter Clemoes (Hrsg.): The Anglo-Saxons: Studies in some Aspects of their History and Culture presented to Bruce Dickins, London 1959, S. 171-203.

Dilg, Peter: [Art.] Zauberpflanzen, in: LexMa, Bd. 9 (2002), Sp. 485-486.

Dinzelbacher, Peter: [Art.] Visio(n), -sliteratur. A, in: LexMa, Bd. 8 (2002), Sp. 1734-1738.

Düwel, Klaus: Runenkunde, 4. überarb. und aktual. Aufl., Stuttgart/Weimar 2008.

Ebenbauer, Alfred: Achillesferse – Drachenblut – Kryptonit: Die Unverwundbarkeit der Helden, in: Ders., Johannes Keller (Hrsg.): Das Nibelungenlied und die europäische Heldendichtung. 8. Pöchlarner Heldenliedgespräch (Philologica Germanica 26), Wien 2006, S. 73-102.

Ebenbauer, Alfred: Heldenlied und „Historisches Lied“, in: Heinrich Beck: Heldensage und Heldendichtung im Germanischen (Ergänzungsbände zum Reallexikon der Germanischen Altertumskunde, Bd. 2), Berlin 1988, S. 15-34.

Ehrhardt, Harald: [Art.] Kenning, in: LexMa, Bd. 5 (2003), Sp. 1102-1103.

Ehrismann, Otfrid: Archaisches und Modernes im Nibelungenlied. Pathos und Abwehr, in: Achim Masser (Hrsg.): Hohenemser Studien zum Nibelungenlied, Dornbirn 1980, S. 164-174.

Eichfelder, Thomas: Siegfriedmythen vor 1200, in: Volker Gallé (Hrsg.): Siegfried. Schmied und Drachentöter (Nibelungeneditionen 1), Worms 2005, S. 70-87.

Fell, C. E.: Paganism in Beowulf: A Semantic Fairy-Tale, in: T. Hofstra, L. A. J. R. Houwen, A. A. MacDonald (Hrsg.): Pagans and Christians. The Interplay between Christian Latin ans Tratitional Germanic Cultures in Early Medieval Europe. Proceedings of the Secons Germania Latina Conference held at the University of Groningen. May 1992 (Germania Latina II), Groningen 1995, S. 9-35.

Frey, Johannes: Die Gegner der Helden in germanischer Heldendichtung. Nibelungen und Edda (Erlanger Studien 138), Erlangen/Jena 2009.

Friedrich, Udo: Held und Narrativ. Zur narrativen Funktion des Heros in der mittelalterlichen Literatur, in: Victor Millet (Hrsg.): Narration and Hero: Recounting the Deeds of Heroes in Literature and Art of the Early Medieval Period, Berlin 2014, S. 175-194.

Friedrich, Udo: Menschentier und Tiermensch. Diskurse der Grenzziehung und Grenzüberschreitung im Mittelalter, Göttingen 2009.

Fuchs-Jolie, Stephan: stainwant. König Otnits Tod und die heterotope Ordnung der Dinge, in: Sonja Glauch, Susanne Köbele, Uta Störmer-Caysa (Hrsg.): Projektion - Reflexion - Ferne: Räumliche Vorstellungen und Denkfiguren im Mittelalter, Berlin 2011, S. 39-60.

Ghosh, Shami: Writing the Barbarian Past: Studies in Early Medieval Historical Narrative (Brill`s Series on the Early Middle Ages 24), Leiden [u.a] 2016.

Glogau, Dirk R.: Untersuchungen zur konstruktivistischen Mediävistik. Tiere und Pflanzen im „Tristan“ Gottfrieds von Straßburg und im „Nibelungenlied“, Essen 1993.

Goddon, Malcolm R.; Lapidge, Michael (Hrsg.): The Cambridge Companion to Old English Literature, Cambridge 1991.

Goldsmith, Margaret E.: The Christian Perspektive in Beowulf, in: Robert D. Fulk (Hrsg.): Interpretations of Beowulf: A Critical Anthology, Bloomington (Ind.) 1991, S. 103-119.

Greenfield, Stanley B.: A Touch of the Monstrous in the Hero or „Beowulf“ Remarvellized, in: Ders. (Hrsg.): Hero and Exile: the Art of Old English Poetry, London 1989, S. 67-73.

Grönbech, Wilhelm: Kultur und Religion der Germanen, Leipzig 1996.

Gwara, Scott: Heroic Identity in the World of Beowulf (Medieval and Renaissance Authors and Texts 2), Leiden 2009.

Haferland, Harald: Mündlichkeit, Gedächtnis und Medialität: Heldendichtung im deutschen Mittelalter, Göttingen 2004.

Hahn, Alois: Wohl dem, der eine Narbe hat: Identifikationen und ihre soziale Konstruktion, in: Peter von Moos (Hrsg.): Unverwechselbarkeit. Persönliche Identität und Identifikation in der vormodernen Gesellschaft (Norm und Struktur 23), Köln/Weimar 2004, S. 43-62.

Hahn, Ingrid: Zur Theorie der Personenerkenntnis in der deutschen Literatur des 12. bis 14. Jahrhunderts, in: PBB 99 (1977), S. 395-444.

Haubrichs, Wolfgang: Ein Held für viele Zwecke. Dietrich von Bern und sein Widerpart in den Heldensagenzeugnissen des frühen Mittelalters, in: Ders., Ernst Hellgardt, Reiner Hildebrandt, et.al. (Hrsg.): Theodisca. Beiträge zur althochdeutschen und altniederdeutschen Sprache und Literatur in der Kultur des frühen Mittelalters. Eine internationale Fachtagung in Schönmühl bei Penzberg vom 13. bis zum 16. März 1997 (Ergänzungsbände zum Reallexikon der germanischen Altertumskunde 22), Berlin 2000, S. 330-363.

Haug, Walter: Szenarien des heroischen Untergangs, in: Alfred Ebenbauer, Johannes Keller (Hrsg.): Das Nibelungenlied und die europäische Heldendichtung. 8. Pöchlarner Heldenliedgespräch (Philologica Germanica 26), Wien 2006, S. 147-162.

Haug, Walter: Andreas Heuslers Heldensagenmodell: Prämissen, Kritik und Gegenentwurf, in: ZfdA, Bd. 104 (1975), S. 273-292.

Haug, Walter: Höfische Idealität und heroische Tradition im Nibelungenlied, in: Colloquio Italo-Germanico sul Tema: I Nibelunghi, Rom 1974, S. 35-50.

Heinzle, Joachim: Das Nibelungenlied. Eine Einführung, München/Zürich 1987.

Hennig, Beate: Kleines Mittelhochdeutsches Wörterbuch, 5. durchges. Aufl., Tübingen 2007.

Heusler, Andreas: Die altgermanische Dichtung, 2. Aufl. 1943. Nachdruck Darmstadt 1967.

Higley, Sarah L.: Thought in Beowulf and Our Perception of it: Interiority, Power, and the Problem of the Revealed Mind, in: Robin Waugh, James Weldon (Hrsg.): The Hero Recovered: Essays on Medieval Heroism in Honour of George Clark, Kalamazoo 2010, S. 23-46.

Hiltmann, Heiko: Das Tier im Mann – Altnordische Tierkrieger-Erzählungen, in: Rainer Pöppinghege (Hrsg.): Tiere im Krieg. Von der Antike bis zur Gegenwart, Paderborn 2009, 181-198.

Hünemörder, Christian: [Art.] Wolf, in: LexMa, Bd. 9 (2002), Sp. 302-303.

Irving, Edward B. jr.: Christian and Pagan Elements, in: Robert E. Bjork, John D. Niles (Hrsg.): A Beowulf Handbook, Exeter 1996, S. 175-192.

Jacoby, Susan: Wild Justice. The Evolution of Revenge, New York 1983.

Jaeger, C. Stephen: Die Entstehung höfischer Kultur. Vom höfischen Bischof zum höfischen Ritter (Philologische Studien und Quellen 167), Berlin 2001.

Jochum-Godglück, Christa: „Wolf" und „Bär" in germanischer und romanischer Personennamengebung, in: Interferenz-Onomastik. Namen in Grenz- und Begegnungsräumen in Geschichte und Gegenwart, 2011, S. 447-478.

Klein, Thomas: Vorzeitsage und Heldensage, in: Heinrich Beck: Heldensage und Heldendichtung im Germanischen (Ergänzungsbände zum Reallexikon der Germanischen Altertumskunde, Bd. 2), Berlin 1988, S. 115-147.

Koch, Michael: Beowulf – Siegfried – Dietrich. Vergleichende Studien zur Darstellung und Charakterisierung des Helden in der germanischen Epik, Osnabrück 2009.

Kofler, Walter: Aventiure und sorge. Anmerkungen zur Textstruktur von 'Ortnit' und 'Wolfdietrich' A, in: ZfdA, Bd. 138 (2009), S. 361-373.

Kraft, Simone A.: Der Drachenkampf in der Literatur des Mittelalters, Philologisch-Kulturwissenschaftliche Fakultät der Universität Wien, unveröffentlichte Diplomarbeit aus dem Jahr 2009, online vom 09.10.2016 (http://othes.univie.ac.at/4220/1/2009-03-16_0301829.pdf).

Kragl, Florian: Gibt es eine Heldenzeit? Vergangenheitskonzeptionen in hoch- und spätmittelalterlicher Literatur, in: Johannes Keller (Hrsg.): Heldenzeiten – Heldenräume: Wann und wo spielen Heldendichtung und Heldensage? 9. Pöchlarner Heldenliedgespräch (Philologica Germanica 28), Wien 2007, S. 61-86.

Kraß, Andreas: Der bastardierte Ritter. Zur Dekonstruktion höfischer Identität im *großen Wolfdietrich*, in: Wolfgang Harms, C. Stephen Jaeger und Horst Wenzel (Hrsg.): Ordnung und Unordnung in der Literatur des Mittelalters, Stuttgart 2003, S. 165-178.

Kratz, Bernd: Von Werwölfen, Glückshauben und Wolfdietrichs Taufhemd, in: Archiv für das Studium der neueren Sprachen und Literaturen Bd. 211 (1974), S. 18-30.

Krause, Arnulf: [Art.] Berserker, in: Reclams Lexikon der germanischen Mythologie und Heldensage. Mit 64 Abbildungen (2010), S. 33.

Krause, Arnulf: [Art.] Sigurd; Sigurdlieder, in: Reclams Lexikon der germanischen Mythologie und Heldensage. Mit 64 Abbildungen (2010), S. 254-257.

Krause, Arnulf: [Art.] Wyrd, in: Reclams Lexikon der germanischen Mythologie und Heldensage. Mit 64 Abbildungen (2010), S. 316.

Kuhn, Hans: Heldensage vor und außerhalb der Dichtung, in: Karl Hauck (Hrsg.): Zur germanisch-deutschen Heldensage (WdF 14), Darmstadt 1965, S. 173-194.

Lamping, Dieter: Der Name in der Erzählung : zur Poetik d. Personennamens (Wuppertaler Schriftenreihe Literatur 21), Bonn 1983.

Leyerle, John: Beowulf the Hero and the King, in: Medium Aevum 34, 1965, S. 89-102.

Lionarons, Joyce T.: The Medieval Dragon: The Nature of the Beast in Germanic Literature, Enfield Lock 1998.

Lurker, Manfred: Hund und Wolf in ihrer Beziehung zum Tode, in: Mircea Eliade, Ernst Jünger (Hrsg.): Antaios Bd. 10, Stuttgart 1969, 199-216.

Maier, Ch.: [Art.] Rache, in: Calwer Bibellexikon, Bd. 1 (2003), Sp. 1110.

Mertens, Volker: Hagens Wissen – Siegfrieds Tod. Zu Hagens Erzählung von Jungsiegfrieds Abendteuern, in: Harald Haferland, Michael Mecklenburg (Hrsg.): Erzählungen in Erzählungen. Phänomene der Narration in Mittelalter und Früher Neuzeit, München 1996, S. 59-69.

Metternich, Wolfgang: Teufel, Geister und Dämonen. Das Unheimliche in der Kunst des Mittelalters, Darmstadt 2011.

Miklautsch, Lydia: Müde Männer-Mythen: Muster heroischer Männlichkeit in der Heldendichtung, in: Alfred Ebenbauer, Johannes Keller (Hrsg.): Das Nibelungenlied und die europäische Heldendichtung. 8. Pöchlarner Heldenliedgespräch (Philologica Germanica 26), Wien 2006, S. 241-260.

Miklautsch, Lydia: Montierte Texte – Hybride Helden. Zur Poetik der Wolfdietrich-Dichtungen (Quellen und Forschungen zur Literatur- und Kulturgeschichte 36), Berlin 2005.

Milgrom, Robert L.: Light Against Dark: The Presentation of Heroic Life in Four Medieval English Alliterative Poems: „Beowulf“, „Maldon“, „Morte Arthure“, and „Gawain and the Green Knight“, New York 1979.

Miller, Dean A.: The Epic Hero, Baltimore/London 2000.

Millet, Victor: Deconstructing the Hero in Early Medieval Heroic Poetry, in: Ders. (Hrsg.): Narration and Hero: Recounting the Deeds of Heroes in Literature and Art of the Early Medieval Period, Berlin 2014, S. 229-239.

Millet, Victor: Germanische Heldendichtung im Mittelalter: Eine Einführung, Berlin 2008.

Möbius, Thomas: Studien zum Rachegedanken in der deutschen Literatur des Mittelalters (Europäische Hochschulschriften. Reihe 1. Deutsche Sprache und Literatur, Band 1395), Frankfurt a. Main/Berlin/New York/Paris/Wien 1993.

Much, Rudolph: Der germanische Osten in der Heldensage, in: ZfdA, Bd. 57 (1920), S. 145-176.

Müller, Jan-Dirk: Höfische Kompromisse. Acht Kapitel zur höfischen Epik, Tübingen 2007.

Müller, Jan-Dirk: Identitätskrisen im höfischen Roman, in: Peter von Moos (Hrsg.): Unverwechselbarkeit. Persönliche Identität und Identifikation in der vormodernen Gesellschaft (Norm und Struktur 23), Köln/Weimar 2004, S. 297-323.

Müller, Jan-Dirk: Das Nibelungenlied, Berlin 2002.

Müller, Jan-Dirk: Spielregeln für den Untergang. Die Welt des Nibelungenliedes, Tübingen 1998.

Müller, Gernot: Zur sinnbildlichen Repräsentation der Siegfriedgestalt im Nibelungenlied, in: SNPH 47 (1975), S. 88-119.

Naumann, Matthias: Der Löwe und die Löw/innen. Das sich wandelnde Auftreten eines Wappentieres kriegerischer Politik, in: Rainer Pöppinghege (Hrsg.): Tiere im Krieg. Von der Antike bis zur Gegenwart, Paderborn 2009, S. 161-180.

Neidorf, Leonard (Hrsg.): The Dating of Beowulf. A Reassesment, Cambridge 2014.

Neumann, Sarah: Der gerichtliche Zweikampf. Gottesurteil – Wettstreit – Ehrensache (Mittelalter-Forschungen, Bd. 31), Ostfildern 2010.

Neville, Jennifer: Redeeming Beowulf. The Heroic Idiom as a Marker of Quality in Old English Poetry, in: Victor Millet (Hrsg.): Narration and Hero: Recounting the Deeds of Heroes in Literature and Art of the Early Medieval Period, Berlin 2014, S. 45-70.

Neville, Jennifer: Monsters and criminals: defining humanity in Old English poetry, in: L. A. J. R. Houwen, Karin E. Olsen: Monsters and the Monstrous in Medieval Northwest Europe (Mediaevalia Groningana, NS 3), Leuven 2001, S. 103-122.

Neville, Jennifer: Representations of the Natural World in Old English Poetry (Cambridge Studies in Anglo-Saxon England 27), Cambridge 1999.

Niles, John D.: Pagan Survivals and Popular Belief, in: Malcolm R. Godden, Michael Lapidge (Hrsg.): The Cambridge Campanion to Old English Literature, Second Edition, Cambridge 2013, S. 120-136.

Oexle, Gerhard O.: Luhmanns Mittelalter (Rechtshistorisches Journal 10), 1991, S. 53-66.

Orchard, Andy: Beowulf, in: Malcolm Godden, Michael Lapidge (Hrsg.): The Cambridge Companion to Old English Literature. Second Edition, Cambridge 2013, S. 137-158.

Oschema, Klaus: Die ganze Person. Körper als Medium sozialer Authentizität im Mittelalter, in: Wolf G. Schmidt (Hrsg.): Körperbilder in Kunst und Wissenschaft, Würzburg 2014, S. 167-190.

Panzer, Friedrich: Studien zur germanischen Sagengeschichte I, Beowulf, Wiesbaden 1969 (Nachdruck von 1910), S. 1-208.

Panzer, Friedrich: Studien zur germanischen Sagengeschichte II. Sigfried, Wiesbaden 1969 (Nachdruck von 1912).

Papahagi, Adrian: The Anglo-Saxon Hero: Angel or Demon? A reading of Beowulf, in: Leo Martin Carruthers (Hrsg.): Anges et démons dans la littérature anglaise du Moyen-Age, Paris 2002, S. 73-98.

Pearson, Michael P.; Van De Noort, Robert; Woolf, Alex: Three Men and a Boat. Sutton Hoo and the East Saxon Kingdom. In: Anglo-Saxon England 22, 1993, S. 27-50.

Rebschloe, Timo: Der Drache in der mittelalterlichen Literatur Europas, Heidelberg 2014.

Reichl, Karl: [Art.] Heldendichtung, in: LexMa, Bd. 4 (2002), Sp. 2115-2117.

Robinson, Fred C.: Element of the Marvellous Characterization of Beowulf: A Reconsideration of the Textual Evidence, in: Robert B. Burlin, Edward B. Irving, jr. (Hrsg.): Old English Studies in Honour of John C. Pope, Toronto 1974, S. 119-137.

Schneider, Hermann: Wolfdietrich. 1. Heft. Der echte Teil des Wolfdietrich der Ambraser Handschrift (Wolfdietrich A), Halle/Saale 1931.

Schramm, Gottfried: Zweigliedrige Personennamen der Germanen. Ein Bildtyp als gebrochener Widerschein früher Heldenlieder, in: Ergänzungsbände zum Reallexikon der Germanischen Altertumskunde, Bd. 82, Berlin/Boston 2013.

Schuler-Lang, Larissa: Wildes Erzählen – Erzählen vom Wilden: Parzival, Busant und Wolfdietrich D, Berlin 2014.

Schultz-Balluff, Simone: Männer, Macht und Monster, in: Gunther Gebhard, Oliver Geisler und Steffen Schröter (Hrsg.): Von Monstern und Menschen. Begegnungen der anderen Art in kulturwissenschaftlicher Perspektive, Bielefeld 2009, S. 47-68.

Schulz, Knut: [Art.] Dienstmann, in LexMa Bd. 3 (2003), Sp. 1004-1005.

Schulze, Ursula: Siegfried - ein Heldenleben? Zur Figurenkonstituierung im Nibelungenlied, in: Mattias Meyer, Hans-Jochen Schiener (Hrsg.): Literarische Leben. Rollenentwürfe in der Literatur des Hoch- und Spätmittelalters. Festschrift für Volker Mertens zum 65. Geburtstag, Tübingen 2002, S. 669-689.

Seitter, Walter: Das politische Wissen im Nibelungenlied. Vorlesungen, Berlin 1987.

Simek, Rudolf: Monster im Mittelalter, Köln/Weimar/Wien 2015.

Simon, Britta: Höfisch – Heroisch – Fragmentiert: Körpergebundene Kommunikation im ‚Nibelungenlied', Ann Arbor 1998.

Hofstra, T.; Houwen, L. A. J. R.; MacDonald, A. A. (Hrsg.): Pagans and Christians. The Interplay between Christian Latin and Tratitional Germanic Cultures in Early Medieval Europe. Proceedings of the Secons Germania Latina Conference held at the University of Groningen. May 1992 (Germania Latina II), Groningen 1995.

Teichert, Matthias: Der monströse Heros oder Wenn der ungeheure Held zum Ungeheur wird. Zur Rezeptionsgeschichte des Figuren-Typus „Drachenkämpfer“ in der altnordischen und altenglischen Literatur, in: Victor Millet (Hrsg.): Narration and Hero: Recounting the Deeds of Heroes in Literature and Art of the Early Medieval Period, Berlin 2014, S. 143-174.

Tripp, Raymond P.: Literary Essays on Language and Meaning in the Poem Called Beowulf: Beowulfiana Litteraria, Lewiston 1992.

von Olberg, Gabriele: [Art.] Gefolgschaft, in: LexMa Bd. 4 (2003), Sp. 1171-1172.

von See, Klaus: Was ist Heldendichtung?, in: Ders. (Hrsg.): Europäische Heldendichtung (Wege der Forschung 500), Darmstadt 1978, S. 1-38.

Weber, Gerd W.: „Sem konungr skyldi“. Heldendichtung und Semiotik. Griechische und germanische heroische Ethik als kollektives Normensystem einer archaischen Kultur, in: Hermann Reichert, Günter Zimmermann (Hrsg.): Helden und Heldensage. Otto Gschwantler zum 60. Geburtstag (Philologica Germanica 11), Wien 1990, S. 447-481.

Wehrli, Max: Literatur im Deutschen Mittelalter. Eine poetologische Einführung, Stuttgart 1987.

Weitbrecht, Julia: Lupus in fabula. Mensch-Wolf-Relationen und die mittelalterliche Tierfabel, in: Hans J. Scheuer, Ulrike Veddar (Hrsg.): Tiere im Text. Exemplarität und Allegorizität literarischer Lebewesen (Publikationen zur Zeitschrift für Germanistik. Neue Folge 29), Bern 2015, S. 23-35.

Wenzel, Horst: Der unfeste Held. Wechselnde oder mehrfache Identitäten, in: Peter von Moos (Hrsg.): Unverwechselbarkeit. Persönliche Identität und Identifikation in der vormodernen Gesellschaft (Norm und Struktur 23), Köln/Weimar 2004, S. 163-184.

Wenzel, Horst: Ze hove und ze holze – offenlîch und tougen. Zur Darstellung und Deutung des Unhöfischen in der höfischen Epik und im Nibelungenlied, in: Gert Kaiser, Jan-Dirk Müller (Hrsg.): Höfische Literatur, Hofgesellschaft, höfische Lebensformen um 1200 (Studia humanoria 6), Düsseldorf 1986, S. 277-300.

White, Judy A.: Hero-Ego in Search of Self: a Jungian Reading of Beowulf, New York 2004.

Williams, David: Cain and Beowulf: a Study in Secular Allegory, Toronto/Buffalo/London 1982.

Wolf, Alois: Heldensage und Epos. Zur Konstituierung einer mittelalterlichen volkssprachlichen Gattung im Spannungsfeld von Mündlichkeit und Schriftlichkeit, Tübingen 1995.

Wolf, Alois: Die Verschriftlichung von europäischen Heldensagen als mittelalterliches Kulturproblem, in: Heinrich Beck (Hrsg.): Heldensage und Heldendichtung im Germanischen, Berlin 1988, S. 305-328.

Wyss, Ulrich: Mitteralterliche Helden, in: Volker Gallé (Hrsg.): Siegfried. Schmied und Drachentöter (Nibelungeneditionen 1), Worms 2005, S. 52-69.